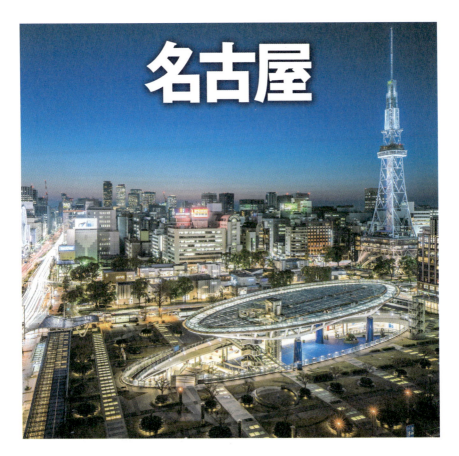

# 名古屋

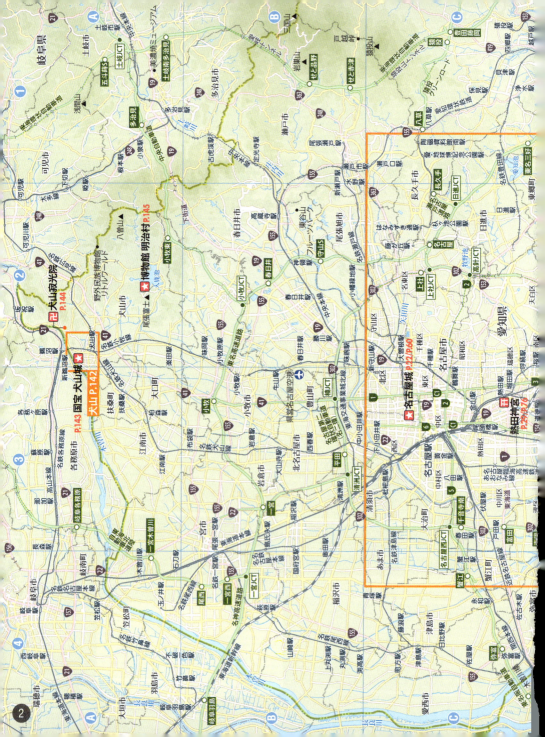

あなただけの
プレミアムな
おとな旅へ！
ようこそ！

江戸時代から独自の道を
突き進む大都市の変遷をたどる

NAGOYA
名古屋への旅

# 今日も熱いときめきの変貌
# 明日のドラマを秘める都市

名古屋には個性的なB級グルメアイテムが生まれては定着する。それはこの街が持つ、独特のエネルギーの産物だろう。一種の反骨精神で、あたりはばからぬ街の情熱ともいえる。

名古屋は商都、というコンセプトはそもそも徳川家康のもの。陸路と水路を重視した城下を造り、街区は今も広々と開放的だ。

江戸と京都の間にあって、特異な歴史と文化が育ち、自在に発展。街は熱が拡散するように外へ外へと延びる。訪れる者は旺盛な生命力を感じ、それを享受する。

SIGHTSEEING

大須観音の門前町。ディープな名古屋を感じられる場所

大須 ➡ P.56

一日の終わりとともに幻想的に浮かび上がる名古屋城

CULTURE

緑に囲まれ、悠久の歴史が息づく熱田神宮を参拝しよう

熱田神宮 ▶ P.76

職人の巧みな手仕事が生みだす極上の一品

厳選食材を使い一流の料理人が作る食の芸術

GOURMET

時代を超えて親しまれる名古屋名物ひつまぶしに舌鼓

【あつた蓬莱軒 本店】→ P.106

伝統が紡ぐ有松絞り。美しい逸品に目惚れ

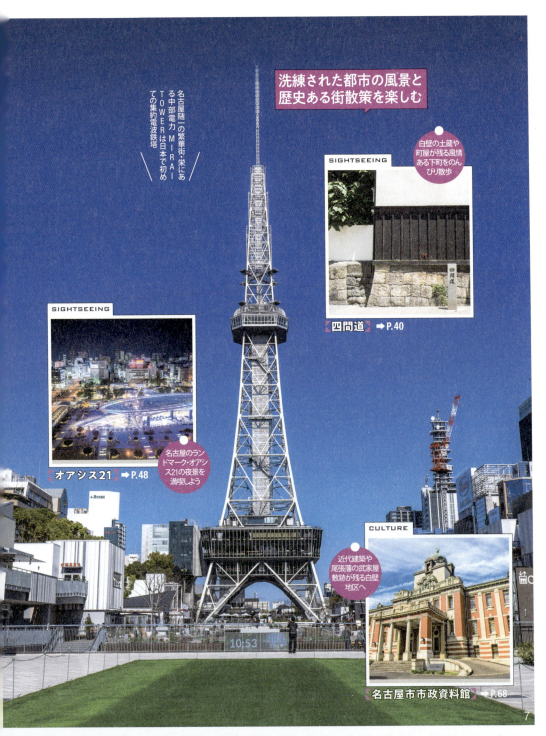

洗練された都市の風景と歴史ある街散策を楽しむ

名古屋随一の繁華街・栄にある中部電力MIRAI TOWERは日本で初めての集約電波鉄塔

SIGHTSEEING

白壁の土蔵や町屋が残る風情ある下町をのんびり散歩

【四間道】→ P.40

SIGHTSEEING

名古屋のランドマーク・オアシス21の夜景を満喫しよう

【オアシス21】→ P.48

CULTURE

近代建築や尾張藩の武家屋敷跡が残る白壁地区へ

【名古屋市市政資料館】→ P.68

## CONTENTS

名古屋周辺図 ················ 2
**名古屋への旅**
今日も熱いときめきの変貌
明日のドラマを秘める都市 ········· 4
名古屋はこんな街です ············ 12
名古屋の街を移動する ············ 14
名古屋トラベルカレンダー ········· 16
**プレミアム滞在モデルプラン**
名古屋 おとなの2泊3日 ·········· 18

### 特集

**四季の花彩る名古屋** ········ 22
春 ························· 22
夏 ························· 26
秋 ························· 27
冬 ························· 29

**ニュース & トピックス** ········ 30

# 歩く・観る

### 名古屋駅周辺　　　　　32

名駅周辺にそびえ立つ摩天楼 ······ 34
シティビュー 昼の顔と夜の顔 ······ 36
名古屋のものづくり2大メーカー ···· 38
四間道・円頓寺散策 ············· 40
トップパティシエが魅せる芸術品を堪能
洗練スイーツが自慢のカフェ ······ 42
世界の料理をカジュアルに楽しむ
至福のランチタイム
異国の風が薫る食卓 ············ 43
四間道にたたずむ名店
和の趣を伝える粋なダイニング ···· 44
柳橋中央市場に繰り出す夜
活気と滋味の酒場 ·············· 45

## 栄・伏見・丸の内　46
- 2大ランドマークを訪ねる　48
- 宇宙と地球の神秘を体感　50
- アートを感じる知的な時間　51
- 歴史 城下町を支えた大動脈・堀川　52
- 納屋橋周辺 異国の味　53
- スイーツが自慢、大人のカフェ
  甘い香りに包まれて　54

## 大須　56

## 名古屋城・白壁　58
- 名古屋城　60
- 広大な城郭を散策する　62
- 本丸御殿を巡る　64
- 徳川園　66
- 徳川家ゆかりの美術品を鑑賞　67
- 白壁散策　68
- 白壁の瀟洒な邸宅でランチ
  美意識が宿る優雅なレストラン　71

## 覚王山　72

## 本山　74

## 熱田　76
- 熱田神宮の神聖な境内へ　78

## 有松　80

## 名古屋港　82
- もっと名古屋を知る　84
- 歴史 城下町の今昔をたどる時間旅行　86
- 歴史 レトロ建築探訪　94

# 食べる

- 一流シェフの感性が光るフレンチを
  五感で味わう
  テーブルを彩る美食の劇場　98
- 王道と斬新が融合する
  最高峰のイタリアンを堪能
  記念日に特別なリストランテ　100
- 格式高い料亭の懐石料理
  四季を映す華やかな味と器　102
- 口中に広がる中国、台湾の伝統
  すべて本格派 点心、宮廷料理　104

## なごやめし
- 伝統のひつまぶし　106
- 多彩な美味 地鶏料理　108
- 抜群の喉ごし きしめん　110
- 豪快 味噌煮込みうどん　111
- 名古屋食をもっと楽しむ　112
- 100年愛される老舗の味　114
- モーニングという食文化　116
- 甘美なナゴヤスイーツ　118

## ナイトスポット
- 夜の光が彩る大人の場所　120
- 繁華街の隠れ家にて　122
- 賑やかな夜の祝杯　124

## 買う

| | |
|---|---|
| 上質が極まる逸品 | 126 |
| 7軒の伝統銘菓 | 128 |
| 洗練をまとう絶品スイーツ | 130 |
| 味みやげSelection | 132 |
| 名古屋駅で買えるお弁当 | 134 |

## 泊まる

| | |
|---|---|
| 名門ホテルで過ごす特別な夜 | 136 |
| ホテルリスト | 140 |

## 郊外へ

| | |
|---|---|
| 犬山 | 142 |
| 　博物館 明治村　145 | |
| 常滑 | 146 |
| 　陶器の美に感動する　148 | |
| 中部国際空港セントレア | 150 |
| 　セントレアでおみやげ探し　152 | |

| | |
|---|---|
| 名古屋へのアクセス | 154 |
| 名古屋の市内交通 | 156 |
| INDEX | 158 |

### 付録地図

| | | | |
|---|---|---|---|
| 名古屋広域図 | 2 | 覚王山・本山 | 14 |
| 名古屋城周辺 | 4 | 金山 | 16 |
| 白壁・徳川園 | 6 | 熱田 | 17 |
| 名古屋駅周辺 | 8 | 有松 | 18 |
| 栄・伏見・丸の内 | 10 | 名古屋港 | 19 |
| 大須 | 12 | | |

## 本書のご利用にあたって

● 本書中のデータは2023年11月現在のものです。料金、営業時間、休業日、メニューや商品の内容などが、諸事情により変更される場合がありますので、事前にご確認ください。

● 本書に紹介したショップ、レストランなどとの個人的なトラブルに関しましては、当社では一切の責任を負いかねますので、あらかじめご了承ください。

● 営業時間、開館時間は実際に利用できる時間を示しています。ラストオーダー(LO)や最終入館の時間が決められている場合は別途表示してあります。

● 営業時間等、変更する場合がありますので、ご利用の際は公式HPなどで事前にご確認ください。

● 休業日に関しては、基本的に定休日のみを記載しており、特に記載のない場合でも年末年始、ゴールデンウィーク、夏季、旧盆、保安点検日などに休業することがあります。

● 料金は消費税込みの料金を示していますが、変更する場合がありますのでご注意ください。また、入館料などについて特記のない場合は大人料金を示しています。

● レストランの予算は利用の際の目安の料金としてご利用ください。Bが朝食、Lがランチ、Dがディナーを示しています。

● 宿泊料金に関しては、「1泊2食付」「1泊朝食付」「素泊まり」は特記のない場合1室2名で宿泊したときの1名分の料金です。曜日や季節によって異なることがありますので、ご注意ください。

● 交通表記における所要時間、最寄り駅からの所要時間は目安としてご利用ください。

● 駐車場は当該施設の専用駐車場の有無を表示しています。

● 掲載写真は取材時のもので、料理、商品などのなかにはすでに取り扱っていない場合があります。

● 予約については「要」(必ず予約が必要)、「望ましい」(予約をしたほうがよい)、「可」(予約ができる)、「不可」(予約ができない)と表記していますが、曜日や時間帯によって異なる場合がありますので直接ご確認ください。

● 掲載している資料および史料は、許可なく複製することを禁じます。

### ■ データの見方

- ☎ 電話番号
- 🏠 所在地
- 開館／開園／開門時間
- 営業時間
- 定休日
- 料金
- 交 アクセス
- P 駐車場
- 宿泊施設の客室数
- in チェックインの時間
- out チェックアウトの時間

### ■ 地図のマーク

- ★ 観光・見どころ
- 卍 寺院
- 神社
- ✝ 教会
- R 飲食店
- C カフェ・甘味処
- S ショップ
- SC ショッピングセンター
- H 宿泊施設
- i 観光案内所
- ♨ 温泉
- バス停
- 乗船場

旅のきほん 1

## エリアと観光のポイント
# 名古屋はこんな街です

街ごとにさまざまな魅力があふれる巨大都市名古屋。
目的に合わせて行き先を選びたい。

### JRや私鉄が多数乗り入れる巨大ターミナル
## 名古屋駅周辺
なごやえきしゅうへん ➡ P.32

新しいビルが次々に建設され、常に進化し続けるエリア。交通の要衝のみならず、ショッピングやグルメスポットとしての注目度も高い。

◯ JRセントラルタワーズ

**観光のポイント** スカイプロムナード P.37
トヨタ産業技術記念館 P.38　四間道 P.40

### 名古屋最大の繁華街と魅力の多いオフィス街
## 栄・伏見・丸の内
さかえ・ふしみ・まるのうち ➡ P.46

話題のレストランやブランドショップが立ち並ぶ、活気にあふれる栄。名古屋のオフィス街として知られる伏見・丸の内は、文化施設なども点在する。

◯ 栄にある久屋大通公園

**観光のポイント** オアシス21 P.48　中部電力 MIRAI TOWER P.49
名古屋市科学館 P.50

### 名古屋城を中心としたノスタルジックな街並み
## 名古屋城・白壁
なごやじょう・しらかべ ➡ P.58

名古屋のシンボル・名古屋城周辺は、庭園や公園が整備され四季の彩りを楽しめる。名古屋城の南東に位置する白壁は、明治から昭和の建物が残る。

◯ 大都市にそびえる名古屋城

**観光のポイント** 名古屋城 P.22／P.60　徳川園 P.27／P.66
名古屋市市政資料館 P.68

↑煌びやかな名古屋の街の夜景は必見

### 老若男女で賑わう下町エリア
## 大須 おおす　➡ P.56

大須観音の門前町として栄え、下町情緒あふれるエリア。縦横に延びるアーケードには、昔ながらの商店や若者向けの店が並ぶ。

→ 1万5000冊もの蔵書を持つ大須観音

**観光のポイント**　大須観音 P.56／万松寺 P.57

### 新旧が融合するおしゃれタウン
## 覚王山 かくおうざん　➡ P.72

懐かしい風情と新しさが共存するエリア。個性派ショップやおしゃれなカフェが点在、日泰寺参道は毎月21日になると縁日で賑わう。

→ 釈迦の御真骨を安置する日泰寺

**観光のポイント**　揚輝荘 P.72／日泰寺 P.73

### 住宅街に個性派店が点在
## 本山 もとやま　➡ P.74

名古屋大学が近く、本山駅周辺には学生向けのカフェやショップが集まる。ひと足のばせば、自然豊かな東山公園がある。

→ 高さ10mの名古屋大仏で有名な桃巌寺

**観光のポイント**　桃巌寺 P.74／東山動植物園 P.84

### 水と緑に囲まれた歴史地区
## 熱田 あつた　➡ P.76

由緒ある熱田神宮周辺には、白鳥古墳などの遺跡や、宿場から宿場へ渡る「七里の渡し」など、江戸時代の宿場町の面影が残る。

→ 荘厳で広大な森に鎮座する熱田神宮

**観光のポイント**　熱田神宮 P.29／P.76／白鳥庭園 P.76

### 昔の商家が残る古き良き街並み
## 有松 ありまつ　➡ P.80

江戸から明治時代にかけて、有松絞りで栄えた商家の家並みが残るエリア。趣のある建物を巡り、往時に思いを馳せたい。

→ 風情ある建物が軒を連ねる有松の風景

**観光のポイント**　有松・鳴海絞会館 P.80／P.126

### レジャースポットが集結する
## 名古屋港 なごやこう　➡ P.82

多くの船が行き交う国際貿易港。周辺には遊園地や水族館など、アミューズメント施設が充実し、多くの観光客が訪れる。

→ 白い帆船を模した名古屋港ポートビル

**観光のポイント**　名古屋港水族館 P.82／リニア・鉄道館 P.83

## 旅のきほん 2

### 電車を賢く使って目的地へ
# 名古屋の街を移動する

名古屋駅から縦横に広がる路線。街から街へ、各路線を使い分けながら中心部や郊外へアクセスしたい。

市内はJR、私鉄、市営地下鉄が走っており、移動はスムーズ。名古屋駅から伏見や丸の内駅周辺部へは徒歩でも15～20分で行くことができる。名古屋城は、観光バス「メーグル」(P.156)でのアクセスも便利。郊外の犬山や常滑は名鉄で30分程度なので、プランが立てやすい。

**名古屋の市内交通情報 → P.156**

## 旅のきほん 3

### 旅が豊かになるイベントや季節を彩る花をチェック
# 名古屋トラベルカレンダー

一年を通じてさまざまな顔を見せてくれる大都市・名古屋。歴史や文化に親しみ、季節の花々が楽しめるイベントの時期に訪れて、街をより身近に感じたい。

| | 1月 | 2月 | 3月 | 4月 | 5月 | 6月 |
|---|---|---|---|---|---|---|
| | 一年の始まりは大勢の参拝客で賑わう熱田神宮で初詣を。 | 名城公園では梅が見頃を迎え、大須の街は節分会に活気づく。 | 春陽が顔をのぞかせ、街中が色づく準備に包まれる。 | 桜色に染まる街での散策が楽しみ。花の名所にも足を運んでみたい。 | 穏やかで過ごしやすい気候。名古屋の歴史を偲ぶ祭りも開かれる。 | 木曽川の鵜飼や有松絞りなど伝統にふれられる機会が多い。 |

● 月平均気温（℃）
■ 月平均降水量（mm）

北西に位置する伊吹山から吹き下りる「伊吹おろし」に注意。しっかりと寒さ対策を

多彩な花が春爛漫な気分にさせてくれる。夏に向け一気に温度が上がる

気温: 4.5 / 5.2 / 8.7 / 14.4 / 18.9 / 22.7
降水量: 48.4 / 65.6 / 121.8 / 124.8 / 156.5 / 201.0

**1日**
**初日の出（中部電力 MIRAI TOWER）**
元日の早朝6時から8時まで特別に展望台がオープン。大都市の中心で街並みとともにご来光が楽しめる。※要予約

**5日**
**初えびす（熱田神宮）**
初詣参拝者数が230万人を超えるといわれる熱田神宮。商売繁盛・家内安全を祈り、「えびす」のお札を求めて多くの人で賑わう。

**上旬**
**梅まつり（名城公園）**
梅林をイメージした会場作りがなされ、鮮やかな色彩と馥郁たる香りで、ひと足早く春を感じられる祭り。

**3日**
**節分会（大須観音）**
大須観音では鬼面を寺宝としているため、「鬼は外」と発してはいけない。商店街を通り、大須観音へ向かう節分宝船行列も必見。

**上旬**
**名古屋城つばき展（名古屋城）**
毎年テーマが設けられ、約500点もの椿が展示される。愛好家が出品する競技部門と珍種で構成される特別部門がある。

**下旬〜4月上旬**
**鶴舞公園 桜ライトアップ（鶴舞公園）**
照明によって照らされる桜は、昼間とは異なり、あでやかな魅力を放つ。

**第1土・日曜**
**犬山祭（犬山）**
江戸時代からの車山の祭り。最上層にからくり人形が配置された車山は、夜には1輛に365個の提灯が絢爛と輝く。

**17日**
**東照宮祭（名古屋東照宮）**
徳川家康の命日に斎行される。戦前は名古屋祭と謳われる盛大な祭りだったが、山車を焼失し、現在は16日の前日祭の雅楽・舞楽奉納神事が中心。

**中旬**
**太閤まつり（中村公園）**
豊臣秀吉の出身地で開催される秀吉を偲ぶ祭り。出世稚児行列や、秀吉の馬印だったひょうたんの神輿が見られる。

**15・16日**
**若宮まつり（若宮八幡社）**
社宝である山車が福禄寿車が、行列とともに本町通りを練り歩く。からくり人形が倒立する妙技に注目したい。

**1日**
**木曽川鵜飼開き（犬山市木曽川）**
木曽川に伝わる伝統漁法の開幕イベント。

**5日**
**熱田まつり（尚武祭）（熱田神宮）**
熱田神宮の祭典のなかで最も重要な祭り。多くの奉納行事が催される。

**第1土・日曜**
**有松絞りまつり（有松）**
絞り体験や実演の見学、作品の購入もできる。※中止の場合あり

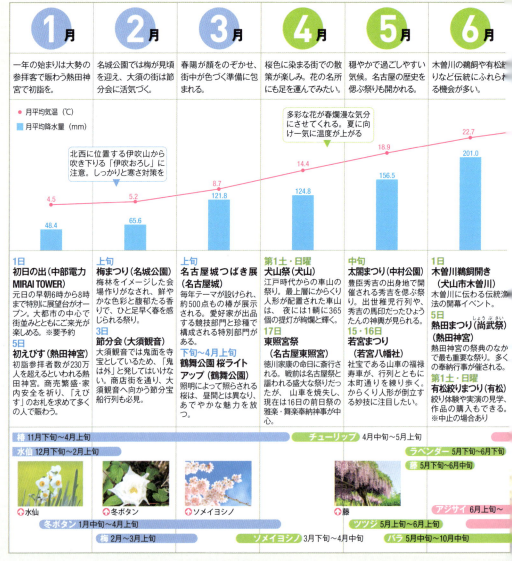

| 椿 11月下旬〜4月上旬 | | | | チューリップ 4月中旬〜5月上旬 | |
| 水仙 12月下旬〜2月上旬 | | | | | |
| | | | | ラベンダー 5月下旬〜6月下旬 | |
| | | | | 藤 5月下旬〜6月中旬 | |

↑水仙 / ↑冬ボタン / ↑ソメイヨシノ / ↑藤

| 冬ボタン 1月中旬〜4月上旬 | | | | アジサイ 6月上旬〜 | |
| | 梅 2月中旬〜3月上旬 | | | ツツジ 5月上旬〜6月上旬 | |
| | | ソメイヨシノ 3月下旬〜4月中旬 | | バラ 5月中旬〜10月中旬 | |

↑節分会の節分宝船行列

↑犬山祭の車山

©にっぽんど真ん中祭り

↑名古屋まつり

| 7月 | 8月 | 9月 | 10月 | 11月 | 12月 |
|---|---|---|---|---|---|
| 浴衣を着て暑気払い。各地で開催される花火大会に出かけたい。 | 満ちあふれる活気とともに、趣ある風景が夏の終わりを告げる。 | 涼夜に輝く秋月を観賞しながら、落ち着いたひとときを過ごしたい。 | 秋の代名詞といわれる名古屋まつりで街全体が大盛り上がり。 | 秋も深まり、肌寒くなる季節。街の木々は一気に赤や黄色に色づく。 | クリスマス市や幻想的なライトアップで街はいっそう華やかに。 |

気温折れ線: 26.4 / 27.8 / 24.1 / 18.1 / 12.2 / 7.0
降水量棒: 203.6 / 126.3 / 234.4 / 128.3 / 79.7 / 45.0

厳しい暑さの日が続く。水分補給など熱中症対策を忘れずに

特に晴れの日は、朝晩の寒暖差が激しい。気温に合う服装を心がけよう

**下旬**
円頓寺七夕まつり
（円頓寺商店街・円頓寺本町商店街）
商店街のアーケードに吊るされた個性豊かなはりぼてをはじめ、パレードや大道芸など楽しいイベントが盛りだくさん。

**上旬～中旬**
名古屋城夏まつり
（名古屋城）
開園時間を延長し、縁日の出店・ステージ・イベントなどが行われる。天守閣を眺めながらの盆踊りが名物。
**下旬**
にっぽんど真ん中祭り
（名古屋市内各地）
真夏の名古屋で、国内外から集まった人たちによる踊りが披露される。夏にふさわしいエネルギーあふれる祭り。

**中秋の名月**
観月茶会
（白鳥庭園）
中秋の名月を望める方向を計算して設計された茶室「清羽亭」で、名月を楽しむ特別な茶会を開催。
**第4日曜**
献詠祭（熱田神宮）
一般公募の和歌を神前で詠み、歌道の繁栄を祈願する。

**第1日曜**
有松山車まつり（有松）
有松にある3台の山車が勇壮に曳き出される。
**中旬**
名古屋まつり
（名古屋市内各地）
信長・秀吉・家康らの扮装をした郷土英傑行列が名物。名古屋の秋には欠かせない祭り。
**中旬**
大須大道町人祭（大須）
街全体が一体となって盛り上がる祭りで、数多くの大道芸人が集まる。

**10月下旬～11月下旬**
名古屋城菊花大会
（名古屋城）
名古屋で最大級となる菊の展示が名古屋城の西之丸（広場）で開催される。
**下旬**
紅葉ライトアップ
（東山動植物園）
名古屋市内随一の逆さもみじの名所。日本庭園から也有園までの紅葉アーチは必見。幻想的な風景を観賞できる。

**11月11日～12月25日**
ノリタケの森
「Heartful Christmas」
（ノリタケの森）
2023年から高さ約8mのシンボルツリーが登場。日没からイルミネーションが点灯し、幻想的なクリスマスを演出。

蓮 6月下旬～8月上旬

↑ラベンダー ～7月中旬
ユリ 6月中旬～7月中旬

↑蓮

コスモス 9月上旬～10月下旬

↑コスモス
↑バラ

↑イチョウ
イチョウ 11月上旬～12月上旬
モミジ 11月中旬～12月上旬

※日程は変動することがありますので、事前にHPなどでご確認ください。

# プレミアム滞在モデルプラン
## 名古屋 おとなの2泊3日

名古屋は奥が深い。街の底に、尾張徳川家から始まり代々受け継がれてきた文化が息づく。都会のオアシスで癒やされたあとは、郷愁を誘う東海道の宿場町、悠久の歴史ロマンに思いを馳せる。

↑久屋大通と並び、名古屋市中心部を南北に貫く目抜き通りで知られる大津通

1日目

### 進化する街にそびえる新旧のシンボルへ
定番スポットから風情あふれる街並みまで、さまざまな魅力に出会う。

#### 洗練を増す大都市を牽引する 栄の 2大ランドマーク

**中部電力 MIRAI TOWER**
ちゅうぶでんりょくミライタワー
→ P.49

日本初の集約電波鉄塔で、国の有形文化財にも登録されている観光地。昭和29年(1954)の開業以来初となる改修工事を経て、2020年9月にリニューアル。

**オアシス21** → P.48
オアシスにじゅういち

水が流れるガラスの屋根が美しく、宇宙船のような姿が印象的な複合施設。季節や時間ごとに変わるライトアップも必見。

| 9:50 | 名古屋駅 |

約10分
地下鉄東山線で5分、栄駅下車すぐ

| 10:00 | 中部電力 MIRAI TOWER／オアシス21 |

約10分
栄駅から地下鉄名城線で4分、市役所駅下車、徒歩5分

| 13:00 | 名古屋城 |

徒歩約20分
名古屋城正門から県道215号を経由して、名古屋市市政資料館まで

| 15:00 | 白壁エリア |

約30分
徳川園から大曽根駅まで徒歩15分、大曽根駅からJR中央本線で13分、名古屋駅下車すぐ

| 18:30 | JRセントラルタワーズ・JRゲートタワー／ミッドランドスクエア |

徒歩約5分
ミッドランドスクエアから名古屋駅まで

| 21:30 | 名古屋駅 |

## 街の繁栄を今に伝える
[金鯱城]
### 名古屋城 ➡P.60
なごやじょう

徳川家康の命により築城。歴史遺産や金のシャチホコ、四季折々の美しい景観など見どころが豊富。歴史と文化がここに凝縮している。

本丸御殿の華やかな障壁画

### プランニングのアドバイス

名古屋に残る歴史情緒を満喫したいなら、名古屋駅から久屋大通駅へ向かう地下鉄桜通線の国際センター駅で下車して、土蔵や町家が残る四間道・円頓寺界隈(P.40)の散策がおすすめ。ほかにも名古屋城から白壁エリアへ向かう途中には、名古屋市役所本庁舎や愛知県庁本庁舎(P.94)などの重厚な近代建築が見られる。海の玄関口としての名古屋の魅力にふれたいなら、久屋大通駅や栄駅から地下鉄名城線に乗車し、金山駅で名港線に乗り換えて名古屋港(P.82)を訪れたい。名古屋での移動手段は地下鉄のほかに、観光バスのメーグル(P.156)が主要な観光スポットを巡回している。乗り放題チケットもあるので、ぜひ活用したい。

## 高貴な文化が薫る[白壁エリア]を散策

### 名古屋市市政資料館
なごやしせいしりょうかん

昭和54年(1979)まで中部地方の司法の中心地。ネオ・バロック様式の重厚な建築美が特徴。

 ➡P.68

### 文化のみち 二葉館
ぶんかのみち ふたばかん

日本初の女優・川上貞奴と電力王・福沢桃介が暮らした和洋折衷の邸宅を移築復元。

 ➡P.70

### 徳川園
とくがわえん

2代目藩主・徳川光友の隠居所として造営された日本庭園。変化に富んだ季節の景観が見事。

 ➡P.66

### 徳川美術館
とくがわびじゅつかん

尾張徳川家に伝わる名品や国宝『初音蒔絵調度』などを収蔵。さまざまな企画展も開催される。

 ➡P.67

## 今なお進化を続ける名駅の[高層ビル]

### JRセントラルタワーズ・JRゲートタワー
ジェイアールセントラルタワーズ・ジェイアールゲートタワー

JR名古屋駅の真上にそびえ立つ2つの円筒形タワーJRセントラルタワーズと隣接するJRゲートタワー。ホテル、百貨店やレストラン街などが入っている。

 ➡P.34

### ミッドランドスクエア ➡P.34

名古屋一の高さを誇るビル。スカイプロムナード(P.37)の回遊型の展望デッキから名古屋市街地をほぼ360度見渡せる。

高さ247mを誇るランドマーク

## 2日目

## ものづくり文化が紡ぐ優美な技の世界へ

営々と受け継がれてきた作り手の思いを感じ、伝統と文化の歩みを知る。

|9:50| 名古屋駅

約10分
名鉄名古屋駅から名鉄名古屋本線で2分、栄生駅下車、徒歩3分

↓

|10:00| ノリタケの森／トヨタ産業技術記念館

約30分
栄生駅から名鉄名古屋本線・準急で20分、有松駅下車、徒歩5分

↓

|13:30| 有松

約40分
有松駅から名鉄名古屋本線・急行で名鉄名古屋駅まで22分、地下鉄東山線に乗り換えて5分、栄駅下車、徒歩3分

↓

|16:00| 栄

約5分
栄駅から地下鉄東山線で名古屋駅まで5分

↓

|19:00| 名古屋駅

### プランニングのアドバイス

トヨタ産業技術記念館やノリタケの森から名古屋城方面へ向かう途中の地下鉄・浅間町駅周辺には、名古屋扇子の末廣堂(P.127)や名古屋黒紋付染の山勝染工(P.127)など伝統工芸を扱うお店が点在。焼物に興味があるならば、名古屋駅から電車で30分ほどで行ける常滑(P.146)がおすすめ。ショップはもちろん散策路や常滑焼の歴史にふれられる施設なども充実。昼食は有松に向かう前に名古屋駅で下車し、地下街(P.33)や駅ビル(P.34)内でとるのがよい。栄エリアは名古屋随一の繁華街だけあって、高級フレンチ(P.98)、なごやめし(P.106)など食事処は豊富。

### 世界に誇る近代産業が学べる 博物館 へ

#### ノリタケの森 ➡P.39
ノリタケのもり

老舗洋食器メーカー・ノリタケの複合施設。往年の名作や職人の製造工程などが見学できる。

#### トヨタ産業技術記念館 ➡P.38
トヨタさんぎょうぎじゅつきねんかん

トヨタグループの発祥地に残る工場を利用した博物館。繊維機械や自動車技術の変遷を紹介。

### 趣深い町家が残る 有松 の伝統に親しむ

#### 有松・鳴海絞会館 ➡P.80
ありまつ・なるみしぼりかいかん

江戸時代から続く有松絞りの歴史や技法を紹介。体験実習や小物など作品の販売も行う。

#### まり木綿 ➡P.81
まりもめん

2人の若手女性職人によるギャラリーショップ。カラフルな色使いの絞り雑貨などが揃う。

↑旧東海道沿いの宿場町として知られ、有松絞りで栄えた有松の街並み。古風な建物を生かしたショップやカフェにも立ち寄りたい

### 栄 で生活に彩りを添える逸品を手に入れる

#### m.m.d ➡P.47
エムエムディー

吹き抜けの空間にモダンなデザインを取り入れた瀬戸焼など700点ほどの商品が並ぶ。

\七宝の魅力を身近に体感/

#### 安藤七宝店 ➡P.126
あんどうしっぽうてん

無形文化財に指定されている尾張七宝を扱う。ギャラリーでは貴重な作品を展示している。

# 3日目

## 歴史情緒が漂う下町界隈をそぞろ歩き

大都市に残るレトロな建築物や、ハイセンス&ユニークなお店を訪ねる。

**9:45 名古屋駅**

約15分
名古屋駅から地下鉄東山線で伏見駅まで3分、地下鉄鶴舞線に乗り換えて2分、大須観音駅下車すぐ

**10:00 大須**

約30分
大須観音駅から地下鉄鶴舞線で伏見駅まで2分、地下鉄東山線に乗り換えて11分、覚王山駅下車、徒歩10分

**13:00 覚王山**

約30分
覚王山駅から地下鉄東山線で栄駅まで9分、地下鉄名城線に乗り換えて12分、神宮西駅下車、徒歩7分

**16:00 熱田神宮**

約10分
神宮前駅から名鉄名古屋本線で名鉄名古屋駅まで7分

**19:00 名古屋駅**

### プランニングのアドバイス

大須観音駅近くの白川公園では名古屋市科学館(P.50)や名古屋市美術館(P.51)などのミュージアムめぐりが楽しめる。また、覚王山駅から地下鉄で1駅進み、個性豊かなお店が集う本山(P.74)へ行くのもおすすめで、本山駅からは地下鉄名城線で神宮西駅へ向かうことができる。熱田の観光は熱田神宮が中心だが、白鳥庭園(P.76)など散策が楽しめる場所も訪れたい。食事処は、大須にあるすゞ家(P.112)の味噌カツなど、なごやめしを楽しみたい。熱田神宮の参拝のあとはあつた蓬莱軒本店(P.106)で名物のひつまぶしをいただきたい。

## 活気あふれる 大須 の下町風情を楽しむ

### 大須観音 ➡P.56
おおすかんのん

朱色の建築が目を引く大須のシンボル。大須文庫には、『古事記』の写本をはじめ、多くの貴重な書物が所蔵されている。

↑年齢、性別、国籍を問わず、さまざまな文化が集まる大須。多彩なお店が並ぶ商店街は常に賑わっている

## 「昔ながら」と新感覚が共存する 覚王山 へ足を運ぶ

### 日泰寺 ➡P.73
にったいじ

日本で唯一の超宗派寺院。タイ国より拝受した釈迦の御真骨とタイの国宝「金銅釈迦如来像」を安置するために創建された。

### 揚輝荘 ➡P.72
ようきそう

大正から昭和初期にかけて株式会社松坂屋の初代社長によって構築され、迎賓館や社交場として賑わった。

約1万坪にもおよぶ敷地

## 日本神話が息づく 由緒ある社 へ

### 熱田神宮 ➡P.76
あつたじんぐう

三種の神器のひとつ「草薙神剣」を祀る。皇室との関わりも深く、伊勢神宮に次ぐ尊いお宮として崇敬を集める。

年間約700万人が訪れる

## 大都会を鮮やかに染める
# 四季の花彩る名古屋

名城のすぐそばで、オフィス街の真ん中で、美しく色づく四季の花々や木々。
折々の色彩に包まれ、華やぎをみせる大都市を歩いてみたい。

### 名古屋城 ➡P.60
なごやじょう
名古屋城 MAP 付録 P.4 B-3

堂々と咲き誇る約1000本の桜。桜以外にも年間を通して花まつりが多数開催。折々の花に囲まれた城が威厳を増す。

城をいっそう際立たせる荘厳で華麗な桜

3月下旬〜4月上旬が見頃で、天守閣と桜の共演が楽しめる

特集●四季の花彩る名古屋

# 春
### 芽吹く季節を歩く

春

## 東山動植物園 ➡ P.84

ひがしやまどうしょくぶつえん

東山公園 MAP 付録 P.15 F-4

園内にある「しゃくなげの森」では、4月中旬にシャクナゲが見頃を迎える。ほかにも園内では、さまざまな植物を見ることができる。

園内をピンクに染める華やかなシャクナゲ

150種約900本のシャクナゲが植えられている

特集●四季の花彩る名古屋

## 名城公園 ➡ P.65

めいじょうこうえん

名古屋城周辺 MAP 付録 P.4 B-1

多くのツツジやハナショウブに彩られる池の周りがなんとも魅力的。フラワープラザでは花に関する展示会や講演会イベントを開催。

4月下旬〜5月上旬にかけてツツジが池の周りをピンクに染める

約5万株ものツツジが春の彩りに拍車をかける

川の両岸で咲き誇る約600本のソメイヨシノ

山崎川沿いを散策しながら、のんびりとお花見が楽しめる

### 山崎川 四季の道
やまざきがわ しきのみち

瑞穂 MAP 付録 P.2 C-2

閑静な住宅街の中に位置する、約2.5kmにもわたる桜並木。木造の鼎小橋近くでは、夜の幻想的なライトアップも人気。

☎052-953-7584（名古屋おしえてダイヤル）　所瑞穂区の石川橋から落合橋　交地下鉄・瑞穂区役所駅から鼎小橋まで徒歩13分　Pなし

春

辺り一面をブルーに染める華やかなネモフィラ畑

春には桜やネモフィラ、パンジーなどが美しく咲き誇る

### 農業文化園・戸田川緑地
のうぎょうぶんかえん・とだがわりょくち

春田野 MAP 付録 P.2 A-2

戸田川沿い約2.5kmに広がる公園。園内には四季折々の花が咲き、フラワーセンターでは温室内でさまざまな植物を楽しめる。

☎052-302-5321　所港区春田野2-3204　交JR春田駅から南陽巡回市バス（右回り）で39分、戸田川緑地下車すぐ　Pあり（初夏の物語、秋の物語期間中は有料）

## 夏 青空に映える花々

### 鶴舞公園 ➡ P.84
つるまこうえん

鶴舞 MAP 付録 P.2 C-2

約2300株のアジサイが植えられており、6月になると、彩り豊かな花々を愛でながら散策が楽しめる。セイヨウアジサイをはじめ多品種のアジサイが園内を彩る。

薄紫色に包まれるアジサイの散歩道

菖蒲池に沿ってアジサイが咲く「アジサイの散歩道」が見事

特集●四季の花彩る名古屋

### 千種公園
ちくさこうえん

千種 MAP 付録 P.2 C-1

約1万球が咲き競うユリ園が名所。市民の憩いの場である公園には噴水広場や並木道なども設けられ散策が楽しい。
☎052-781-5211（千種土木事務所）
所 千種区若水1 交 地下鉄・今池駅から徒歩15分 P なし

園内に咲き誇る色とりどりのユリ

例年10品種以上のユリが植えられ、6月初旬に見頃を迎える

# 秋
### 街を包む温かな彩り

モミジやドウダンツツジなど約100本の木々が鮮やかに色づく

水面に映る朱色に暮秋の風情が漂う

**徳川園** ➡ P.66
とくがわえん
白壁周辺 MAP 付録 P.7 F-2

庭園全体が赤や黄に色づき、緑とのコントラストが美しい。紅葉祭では演奏会なども開かれる。見頃は11月下旬〜12月上旬。

秋の深まりを感じる紅葉ライトアップ

**白鳥庭園** ➡ P.76
しろとりていえん
熱田 MAP 付録 P.17 D-2

広大な庭園が深紅に染まる。色鮮やかな紅葉や雪吊りが澄んだ池の水鏡に映り、昼間とは違った幻想的な景色となる。

紅葉イベント「観楓会」では、茶会、マルシェなども開催

### 桜通
さくらどおり

**黄色く染まる並木道に晩秋の訪れを知る**

丸の内 **MAP** 付録 P.10 A-3

地下鉄・国際センター駅から丸の内駅にかけて秋には約120本のイチョウが道路の両端を飾る。散歩に最適なストリート。

所 中村区名駅5から中区錦1
交 地下鉄・丸の内駅／国際センター駅からすぐ Ｐなし

紅葉したイチョウ並木が通りを黄金に染め上げる光景は圧巻

### 庄内緑地
しょうないりょくち

山田町 **MAP** 付録 P.2 B-1

10月に入ると秋バラや、ピンク、白、黄色などのコスモスが咲き始める。ほかにも季節ごとの花が楽しめ、レジャーにも向いた公園。

☎052-503-1010
（庄内緑地グリーンプラザ）
所 西区山田町上小田井敷地3527 交 地下鉄・庄内緑地公園駅からすぐ Ｐあり(有料)

**色とりどりのバラやコスモスが秋の到来を伝える**

80種約2100株のバラが美しく咲き誇り、園内に彩りを添える

特集●四季の花彩る名古屋

## 冬 力強く咲き誇る

春先に見事な花が咲く「ならずの梅」が彩る

### 熱田神宮 ➡P.76
あつたじんぐう

熱田 MAP 付録 P.17 F-2

室町時代の古絵図にも描かれている古木。花は咲いても実をつけないと伝わることから、「ならずの梅」と呼ばれる。

高さ約3mもある大木に薄桃色の可憐な八重の花が咲く

秋・冬

約12品種約700本のしだれ梅があたりを上品な香りで包み込む

可憐な白と桃色で染まるしだれ梅の名所

### 名古屋市農業センター
なごやしのうぎょうセンター

天白 MAP 付録 P.3 E-3

農業に親しみ、憩いの場として知られる施設。国内有数のしだれ梅の名所で、2月下旬から見られる。

☎052-801-5221 所天白区天白町平針黒石2872-3 休月曜（祝日の場合は翌日）交地下鉄・平針駅から徒歩20分または市バス・地下鉄原行きで4分、農業センター北下車、徒歩5分 Pあり（土日祝日500円、しだれ梅まつり期間1000円）

# ❖ NAGOYA NEWS & TOPICS

## ニュース＆トピックス

大人気テーマパークの開業など、名古屋の最新観光情報をチェック。
変化し続ける名古屋の街を満喫しよう。

2023年11月に開園した「もののけの里」のタタリ神（オブジェ）

### ジブリパーク でアニメーションの世界を探検しよう!

開業以来、多くの人がつめかける大人気施設。2024年3月には新エリアが開業予定。

#### ジブリパーク　2022年11月オープン

スタジオジブリの世界観を体感できるジブリパーク。「ジブリの大倉庫」「青春の丘」「どんどこ森」「もののけの里」の4つのエリアに続いて、2024年3月には「魔女の谷」エリアが開園。

**長久手** MAP 付録P3F-1
☎0570-089-154 住長久手市茨ケ廻間乙1533-1愛・地球博記念公園内 時10:00〜17:00 休火曜 交リニモ・愛・地球博記念公園駅すぐ 料最新情報は公式HPにて確認 P愛・地球博公園の駐車場を利用

ジブリの大倉庫にあるネコバスルーム。『となりのトトロ』の世界観に浸りたい！ ※ネコバスで遊べるのは小学生（12歳以下）が対象

どんどこ森のサツキとメイの家。どこか懐かしい雰囲気

パークの玄関口にある、青春の丘のエレベーター塔

© Studio Ghibli

### 名古屋駅近くに誕生した長期滞在にも快適な ホテル

リーズナブルな料金で快適な滞在ができるホテルが新たにオープン。

#### コートヤード・バイ・マリオット名古屋　2022年3月オープン
コートヤード・バイ・マリオットなごや

伏見駅に近く、観光に便利な立地。客室には、名古屋の伝統工芸「有松絞り」を使ったクッションが置かれ洗練された雰囲気が漂う。フィットネスセンターやバーラウンジもあり、長期の滞在にもぴったり。

名古屋駅周辺 MAP 付録P2 C-2
☎052-228-2220
住名古屋市中区栄1-17-6
交各線・伏見駅から徒歩8分
Pあり（有料・宿泊者専用）
in 15:00 out 12:00 室360室
予算1泊朝食付1万9965円〜

上質で快適なホテルライフが楽しめる客室

国際色豊かな料理が楽しめるレストラン

### 鶴舞公園に誕生した商業施設 TSURUMA GARDEN に注目

緑の美しい都市公園・鶴舞公園に商業施設が誕生し、散策がより楽しくなる！

#### TSURUMA GARDEN　2023年5月オープン
ツルマ ガーデン

名古屋市民の憩いの場で、桜の名所としても名高い鶴舞公園内に、新しい商業施設が誕生。園内の3エリアに、可愛いらしいスイーツや韓国料理店、本格そば店、カフェなど16店舗が続々とオープンし注目を集めている。

鶴舞 MAP 付録P2 C-2
住名古屋市昭和区鶴舞1-1 鶴舞公園 交各線・鶴舞駅からすぐ 時休店舗により異なる Pあり（有料）

自然豊かな公園に溶け込むデザイン

「あいち認証材」のスギやヒノキを使用

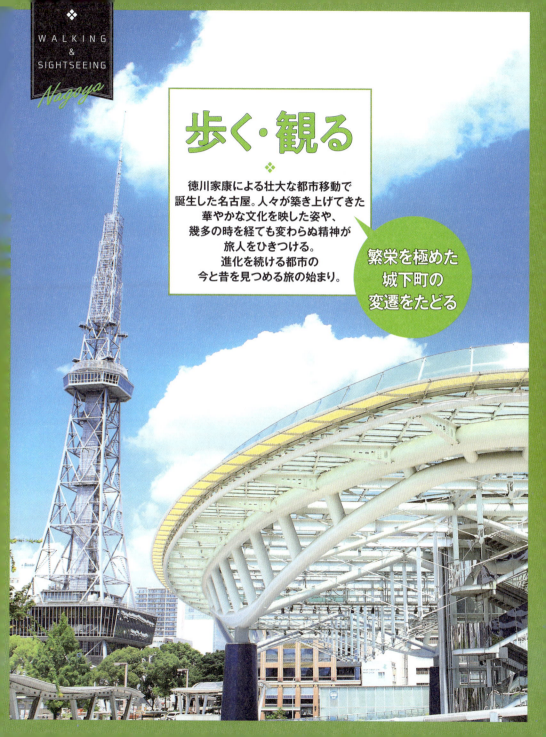

# 歩く・観る

WALKING & SIGHTSEEING
Nagoya

徳川家康による壮大な都市移動で
誕生した名古屋。人々が築き上げてきた
華やかな文化を映した姿や、
幾多の時を経ても変わらぬ精神が
旅人をひきつける。
進化を続ける都市の
今と昔を見つめる旅の始まり。

繁栄を極めた
城下町の
変遷をたどる

# 高層ビル群と古い街並みが隣り合う
# 名古屋駅周辺
なごやえきしゅうへん

新ビルが続々オープンする名古屋駅周辺。最先端とレトロが、共におもしろさを競うようにますます進化している。

歩く・観る●名古屋駅周辺

## 城下町の面影を残す街並み
### 四間道・円頓寺
しけみち・えんどうじ

駅から徒歩15分のところにある土蔵や町家が並ぶ四間道と、江戸時代が起源の円頓寺商店街。若者も注目のエリア。

## 地下街エスカ直結の駅西口
### 太閤通口
たいこうどおりぐち

ビジネスホテルが多く、グルメやみやげ店が揃う地下街エスカに直結している。駅の外にある噴水広場が目印。

## 高層ビルが立ち並ぶエリア
### 桜通口
さくらどおりぐち

ミッドランドスクエアをはじめ高層ビル群が集中する最も賑やかなエリア。熱気あふれる柳橋中央市場もある。

## 摩天楼のすぐ隣に城下町の面影
## 新旧の魅力が混在する街の玄関口

2棟の円筒形タワーがそびえる巨大ターミナル、名古屋駅。開業は明治19年(1886)、3度目の再建で現在地に移転し、今や新幹線、JR、私鉄、地下鉄など各線が乗り入れ、多くの利用客が行き交う。駅や周辺のビルにはグルメやショッピングスポットが集まり、将来予定されるリニア中央新幹線開業の未来図を予感させる。同時に、近年は町家を改装したレストランなどの出店が続く古い街、四間道(しけみち)界隈の賑わいも見逃せない。

### 観光のポイント

**高層ビルからの眺望を楽しむ**
高さ247mを筆頭に立ち並ぶ高層ビルからの眺めを昼夜ともに楽しめる

**歴史ある街並みを歩く**
江戸時代の情緒が漂う四間道や円頓寺界隈も新旧の注目スポットが多い

**多彩なグルメを堪能する**
名古屋発の名店から初進出の人気店まで、高層ビルに集まる話題の味覚を満喫したい

## 名古屋駅に直結する6つの地下街

日本で最も早く地下街が発展した名古屋。各高層ビルともつながっている便利な地下街を使いこなしたい。

### エスカ ➡ P.133

**MAP** 付録 P.8 B-3
新幹線の駅からすぐ。名古屋みやげ、グルメの店がずらりと並ぶ。

### サンロード

**MAP** 付録 P.9 D-4
日本最古の本格地下街。ミッドランドスクエアに直結している。

### メイチカ

**MAP** 付録 P.8 C-3
生活雑貨やおみやげが揃い、各地下街とも接続する地下の大動脈。

### ダイナード

**MAP** 付録 P.8 C-3
大名古屋ビルヂングの地下街。名古屋駅、ユニモールとも連絡。

### ゲートウォーク

**MAP** 付録 P.8 C-3
JRゲートタワー開業に伴い、「テルミナ」から改称、新装した。

### ユニモール

**MAP** 付録 P.9 D-3
ファッション、コスメ、カフェなど女性に人気の店舗が並ぶ。

## 進化を続ける大都市のシンボルタワー群
# 名駅周辺にそびえ立つ摩天楼

新ビルのオープンラッシュが続いた名古屋駅前。将来のリニア中央新幹線開業に向けて、近未来の名古屋を想像させる街並みが生まれつつある。

### 総合校舎 スパイラルタワーズ
そうごうこうしゃスパイラルタワーズ
**MAP** 付録P.9 D-4

**らせんを描く独特のフォルムは社会に羽ばたく若者たちの姿**

名古屋モード学園、HAL名古屋、名古屋医専、国際ファッション専門職大学、名古屋国際工科専門職大学、東京通信大学の総合校舎。1階から地下2階には商業施設が入る(学校フロアは立ち入り禁止)。
☎店舗により異なる
所中村区名駅4-27-1
営店舗により異なる
交各線・名古屋駅から徒歩3分 Pあり

### ミッドランドスクエア
**MAP** 付録P.9 D-3

**世界のハイブランドが集まる名古屋一の高層ビル**

高さ247mを誇るビル。ルイ・ヴィトン、カルティエなど高級ブランドやレストラン、カフェが入り、オフィス棟の44~46階に位置するスカイプロムナード(P.37)からは、ほぼ360度の眺望が楽しめる。
☎052-527-8877(総合インフォメーション)
所中村区名駅4-7-1
営11:00~23:00(ショップは~20:00)※店舗により異なる 無休
交各線・名古屋駅から徒歩4分 Pあり

### JRセントラルタワーズ・JRゲートタワー
ジェイアールセントラルタワーズ・ジェイアールゲートタワー
**MAP** 付録P.8 C-3

**名駅のランドマークタワーにトレンドが一堂に集結**

2つの円筒形タワーJRセントラルタワーズと隣接するJRゲートタワーには、ホテルやオフィス、百貨店、レストラン街などさまざまな施設が集まる。両建物は15階以下のすべてのフロアでつながっている。
☎052-586-7999(タワーズ・ゲートタワーインフォメーション9:00~20:00) 所JRセントラルタワーズ中村区名駅1-1-4 JRゲートタワー中村区名駅1-1-3 営店舗により異なる 交各線・名古屋駅直結 Pあり

歩く・観る●名古屋駅周辺

## 近年、急成長のささしまライブエリアにも注目

名古屋駅からあおなみ線で1駅先のささしまライブ駅周辺に広がるエリア。大型エンタメ施設が建つほか、2017年10月に開業した高層ビルグローバルゲートには、ホテル(P.138)や名古屋初進出のお店などが入っている。

# ビル内の紹介スポット

時代の最先端をいく駅ビルには、多彩なショップやレストランが集う。東京からの出店も多い。

## ミッドランドスクエア

**観光スポット**
▶展望スポット
　スカイプロムナード(44〜46F)･･･P.37

**レストラン＆カフェ**
▶スイーツ ピエール マルコリーニ 名古屋(B1)
　････････････････････P.42／P.130
▶スペイン料理 バル デ エスパーニャ ムイ
　名古屋ミッドランド店(4F)･･････P.43
▶イタリア料理
　ENOTECA PINCHIORRI(42F)･･P.100

## JRセントラルタワーズ

**レストラン＆カフェ**
▶台湾料理
　鼎泰豊 名古屋店(12F)･･････P.105
▶中国料理
　中国料理「梨杏」(18F)･･････P.104
▶バー
　スカイラウンジ「ジーニス」(52F)･･P.121

**ショップ**
▶デパート ジェイアール名古屋タカシマヤ
　(B2〜11F／51F)･･･････P.132
▶スイーツ
　pâtisserie Sadaharu AOKI paris
　ジェイアール名古屋タカシマヤ店(B1)
　････････････････････････P.130

**ホテル**
▶ホテル
　名古屋マリオットアソシアホテル(15〜52F)
　････････････････････････P.136

## 大名古屋ビルヂング

**レストラン＆カフェ**
▶カリフォルニア料理
　Salt Water by David Myers(1F)･･P.43

## JPタワー名古屋

**レストラン＆カフェ**
▶南インド料理 エリックサウス
　KITTE名古屋店(B1)･･････P.43
▶スイーツ ラ・メゾン・ジュヴォー(1F)
　････････････････････P.42／P.131

---

# 大名古屋ビルヂング
だいなごやビルヂング
MAP 付録P.9 D-3

### 名古屋駅前に高感度な約80店舗が大集結！

上質なショップからレストランまで多数集まるビル。国内最大級の高級時計ゾーン「タカシマヤウオッチメゾン」や全国各地の名店、地元の人気店などのグルメが集結。

☎052-569-2604
所 中村区名駅3-28-12
営 11:00〜21:00(カフェ、レストランは〜23:00) ※一部店舗により異なる 休 無休
交 各線・名古屋駅直結
P あり

# JPタワー名古屋
ジェイピータワーなごや
MAP 付録P.8 C-2

### KITTE名古屋が入居する名古屋駅直結の複合ビル

ショップやカフェ、ダイニングなどさまざまな店舗が揃う「KITTE名古屋」が入居。地下1階のグルメ通り「BIMI yokocho」には名古屋名物をはじめとする人気店が並ぶ。

☎052-589-8511
所 (KITTE名古屋サービスセンター 平日10:00〜17:30) 中村区名駅1-1-1 営 ショップ10:00〜20:00、レストラン11:00〜23:00 ※一部店舗により異なる 休 1月1日
交 各線・名古屋駅から徒歩1分 P あり

名駅周辺にそびえ立つ摩天楼

高さ220m JRゲートタワー

高さ195m JPタワー名古屋

名古屋ルーセントタワー
カーブした全面ガラスのビル。地下道で名駅と連絡

## 名古屋市街を眼下に収めるワイドな眺め
# シティビュー 昼の顔と夜の顔

街並みを手に取るように俯瞰する超高層ビル最上階の展望フロア。
繁華街が間近に迫る空中街路からは、よりリアルな街の姿が楽しめる。

**名古屋城** ➡P.60
なごやじょう
高さ36mの天守も一望。夜間ライトアップでは美しく浮かび上がる

**バンテリンドームナゴヤ** ➡P.84
野球の試合以外にも、コンサートや展示会などが行われる

**中部電力 MIRAI TOWER** ➡P.49
ちゅうぶでんりょくミライタワー
日本で初めて集約電波鉄塔として開業。名古屋を代表するランドマーク

桜通

スカイプロムナードからの眺望。濃尾平野の一部であり、見渡すかぎりどこまでもフラットな地形が広がる名古屋市街地

歩く・観る ◎名古屋駅周辺

スカイプロムナードから見る夜の眺望。華やかな街明かりに包まれた名古屋の夜景は奥行きが感じられ、ダイナミックな印象

**ミッドランドスクエア44-46F**

## スカイプロムナード

MAP 付録P.9 D-3

### 東海一の超高層ビルからの眺望 オープンエアの屋外展望スポット

オフィス棟44〜46階に位置する屋外型展望施設。地上約220mの高さにある回遊型の展望デッキから名古屋市街地をほぼ360度見渡すことができる。オフィス棟1階からシースルー・ダブルデッキ、シャトルエレベーターに乗り、42階のチケットロビーへ。

↑44階部分に芝生エリア、デッキベンチエリア、プロムナードエリアのくつろぎ空間が新設

☎052-527-8877（総合インフォメーション） 所中村区名駅4-7-1 時11:00〜22:00（時期や天候により変動あり） 休荒天時 料大人1000円 交各線・名古屋駅から徒歩4分 Pあり（有料）

### 名古屋市科学館 ➡P.50
なごやしかがくかん

内径35mの巨大な球体の中に、ギネスに認定された世界最大のプラネタリウムがある

東山スカイタワー

錦通

シティビュー 昼の顔と夜の顔

---

**夜景や食事が楽しめる展望スポットへ**

東山動植物園(P.84)に隣接する高さ134mの展望タワー。恋人の聖地にも選定され、日本夜景遺産にも選ばれた夜景スポットとしても人気。最上階ではカジュアルなイタリアンを景色と一緒に楽しめる。

↑パスタを中心としたメニューや夜のペアコースがおすすめ

## 東山スカイタワー
ひがしやまスカイタワー

東山公園 MAP 付録P.3 D-2
☎052-781-5586 所千種区田代町瓶杁1-8
時9:00〜21:30（入館は〜21:00）
休月曜（祝日の場合は翌日） 料300円
交地下鉄・星ヶ丘駅から徒歩15分
Pあり（17:00からは無料）

↑動植物園の隣にそびえ立つ

↑展望室からは名古屋の景色を一望できる

ものづくり大国の発展を支えた産業 歴史館を訪ねて

# 名古屋のものづくり2大メーカー

日本の技術力の礎を築いた近代産業の隆盛を今に伝える企業博物館。思わず引き込まれる展示が並ぶ。

## トヨタ産業技術記念館
とよたさんぎょうぎじゅつきねんかん
**MAP** 付録P.2 B-1

### トヨタグループ発祥の地に建つ圧巻のスケールに驚く産業遺産

トヨタグループ17社が共同運営する博物館。トヨタグループ発祥の地に残された赤レンガ造りの工場を、産業遺産として保存・活用し設立。繊維機械と自動車に関わる技術の変遷を、本物の機械の実演や解説映像でわかりやすく紹介している。

☎052-551-6115　所西区則武新町4-1-35
営9:30〜17:00(入館は〜16:30)
休月曜(祝日の場合は翌日)　料1000円
交名鉄・栄生駅から徒歩3分　Pあり

●赤レンガ造りの工場を活用

**蒸気機関**
100年以上前に造られ、産業遺産としても貴重。力強い動きは迫力満点

**金属加工コーナー**
鋳造(ちゅうぞう)、鍛造(たんぞう)、切削(せっさく)といった金属加工の代表的な技術が間近で見られる

**繊維機械館**
トヨタグループの創始者・豊田佐吉の足跡から最新の繊維機械までの歴史をたどる

**グルメ&おみやげチェック**

●オリジナルのプルバックカー880円〜

●赤レンガランチ2200円。料理は季節により異なる

**自動車館**
トヨタの自動車技術の変遷を多角的に紹介。各時代を代表する名車も一挙に展示

●バイオリン演奏を披露するトヨタパートナーロボット

歩く●観る●名古屋駅周辺

写真提供:トヨタ産業技術記念館

← 大正3年(1914)の最初のディナー皿から2004年の100周年ディナー皿まで200枚が一堂に見られる

▼ ノリタケミュージアム
明治時代に製造された優美な花瓶や飾り皿、大正〜昭和初期製造の洋食器を展示

## ノリタケの森
ノリタケのもり
MAP 付録P.8 C-1

**日本の近代陶業発祥の地
緑豊かな複合施設**

2001年に創立100周年を記念し本社敷地内の工場跡地に開業した陶磁器の複合施設。工場やミュージアムのほか、ショップやレストラン、カフェを併設。無料開放の緑豊かな園内は人々のオアシスとしても親しまれている。

☎052-561-7114 ⬢西区則武新町3-1-36
⏰10:00〜18:00(施設により異なる)
🚫月曜(祝日の場合は翌平日)
💴無料(クラフトセンター・ノリタケミュージアムは入館料500円) 🚉地下鉄・亀島駅から徒歩5分 🅿なし

↑創作フレンチをノリタケ食器で堪能

▶ ノリタケの森ギャラリー
有名作家の個展から市民の美術展まで、幅広い作品を発表している

▶ 赤レンガ建築
明治37年(1904)に建造されたかつての工場である赤レンガ建築

▼ クラフトセンター
ボーンチャイナの製造工場となっており、生地製造から熟練職人による素描(ハンドペイント)などの工程が見学できる

↑真っ白なボーンチャイナのお皿やマグカップなどの絵付け体験ができる

### グルメ＆おみやげチェック

↑人気のレースウッドゴールドティー・コーヒー碗皿1客2750円

↑ノリタケの食器とともに目と舌で楽しめる創作フレンチランチ2800円〜

名古屋のものづくり2大メーカー

# 江戸情緒と下町風情が漂う街並みの今昔を訪ねる

石畳の上に築かれた土蔵の風景は、名古屋ではほとんど見られない珍しいもの

→ 大切な商品を延焼から守った今も美しい漆喰の壁

## 四間道・円頓寺散策
しけみち・えんどうじ

江戸〜昭和の面影を残す界隈で400年の時を超えて今も残る商人の街の今昔にふれてみたい。

歩く・観る ● 名古屋駅周辺

### 家康が築いた名古屋の原点が時を超えて息づく人情風景

徳川家康の「清須越」の際に、塩や米などを扱う商人の街として生まれた四間道。漆喰の土蔵を長く連ね、道を四間（約7.2m）に広げて火災の延焼を防いだのが名前の由来ともいわれる。看板や路地に、今も江戸時代の情緒が見え隠れする。隣接する円頓寺商店街は、かつて名古屋の三大繁華街として賑わった通り。一時客足は減少したが、最近ではイベントや新店舗の出店で再び人々が集まり始めている。

↑町家や土蔵造りの建物が並ぶ趣深い景観

### 1 浅間神社
せんげんじんじゃ

 付録P.9 F-2

**街なかにたたずむ古社**

神社を覆い尽くすように樹齢300年以上の楠や大イチョウなどの老木が7本も生い茂る古社。正保4年(1647)にこの地に遷座したと伝わり、安産と子育ての神様とされる木花咲耶姫命を祀る。

🏠西区那古野1-29-3　休料境内自由
🚇地下鉄・国際センター駅から徒歩5分　Pなし

↑10月1、2日に大祭が行われる

### 2 四間道
しけみち

 付録P.9 F-2

**名古屋城築城当時を偲ばせる**

白壁の土蔵や格子戸の町家が風情を漂わせる四間道。古民家を改装したショップやレストランなどもある注目エリア。

🏠西区那古野1付近　休料見学自由　🚇地下鉄・国際センター駅から徒歩6分　Pなし

### 3 子守地蔵尊
こもりじぞうそん

 付録P.9 F-2

**地中から掘り出されたお地蔵様**

四間道の細い路地の奥にひっそりたたずむ社。江戸末期、井戸を掘った際に発見されたといわれる小さなお地蔵様が祀られている。

🏠西区那古野1-34-7　休料見学自由　🚇地下鉄・国際センター駅から徒歩7分　Pなし

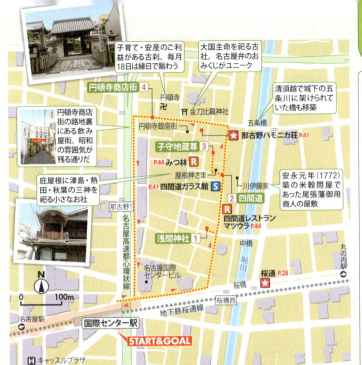

## 散策ルート

移動時間 ◆ 約15分

**国際センター駅**
こくさいセンターえき

↓ 桜通を東に進み、桜橋西交差点の手前の角で左に。 徒歩5分

**1 浅間神社**
せんげんじんじゃ

↓ 北に進むと、町家や白壁の建物が見えてくる。 徒歩2分

**2 四間道**
しけみち

↓ 情緒あふれるショップやカフェにも立ち寄りたい。 徒歩1分

**3 子守地蔵尊**
こもりじぞうそん

↓ 北に進み、アーケード街が見えたら商店街はすぐ。 徒歩2分

**4 円頓寺商店街**
えんどうじしょうてんがい

↓ 商店街の西端にあたる江川線を南に進む。 徒歩5分

**国際センター駅**
こくさいセンターえき

四間道・円頓寺散策

---

### 4 円頓寺商店街
えんどうじしょうてんがい

MAP 付録P.9 E-1

**江戸が起源の個性派商店街**

栄、大須と並ぶ三大繁華街で知られ、戦火を免れたことから戦前の面影も。毎月第1日曜日の「ごえん市」や、11月上旬に開かれる「円頓寺 秋のパリ祭」にはグルメや雑貨などのブースや音楽で賑わう。

所 西区那古野1 営 店舗により異なる 交 地下鉄・国際センター駅から徒歩6分 P なし

→ カフェやダイニングも出現

---

### 立ち寄りスポット

### 那古野ハモニカ荘
なごやハモニカそう

2階には「名古屋山三郎一座」の芝居が楽しめる「カブキカフェ ナゴヤ座」など個性豊かな4店舗が入る。

MAP 付録P.9 F-2

所 西区那古野1-21-21
交 地下鉄・国際センター駅から徒歩5分 P なし

**カブキカフェ ナゴヤ座**
☎080-4223-7583 営 昼の部13：30（土・日曜は11：30）〜/夜の部18：30（土日曜は16：30）〜 休 月・火・木曜

→ 2階建ての建物を区画分けし複合施設となった

→ 円頓寺商店街発の見世物「ナゴヤカブキ」が見られる

---

### 四間道ガラス館
しけみちガラスかん

ガラスの魅力を感じてほしいと、普段使いのものから、県内を中心とした作家作品や伝統工芸品などを取り扱う。

MAP 付録P.9 F-2

☎052-551-1737 所 西区那古野1-31-2 営 11：00〜17：00 休 月曜、第2・4・5日曜 交 地下鉄・国際センター駅から徒歩5分 P あり

→ 酒盃吹きガラス1万6500円

→ 裏サンドプラスト2万7500円
→ 老舗ガラス卸の直営店

チョコレートカラーで落ち着いた雰囲気。おひとりさまの来店も多い

ガトー ショコラ 935円
濃厚な味わいのチョコレートケーキ。銀座店オープン当初からの人気メニュー

名駅に直結する地下街にあり、チョコが並ぶディスプレイが目を引く

**ミッドランドスクエアB1**

## ピエール マルコリーニ 名古屋
ピエール マルコリーニ なごや

**MAP** 付録P.9 D-3

### ベルギー王室御用達
### 人気ショコラティエのカフェ

人気のチョコレートパフェやワッフル、エクレアなど、こだわりのカカオスイーツが味わえる。特別にブレンドした自家焙煎のコーヒーと一緒に楽しみたい。

☎ 052-582-0456
所 中村区名駅4-7-1 ミッドランドスクエア B1
営 11:00〜19:00(LO18:30) 休 無休
交 各線・名古屋駅から徒歩4分
P ミッドランドスクエア駐車場利用

パフェ オ キャラメル 1980円
2種類のキャラメルアイスクリームと各種クリームのマリアージュが楽しめる

パフェ オ ショコラ 1980円
現地まで出向いて厳選したこだわりのカカオを使用した自慢のパフェ

歩く・観る ●名古屋駅周辺

## トップパティシエが魅せる芸術品を堪能
# 洗練スイーツが自慢のカフェ

世界で認められた、スタイリッシュで高級感あふれるスイーツの数々。名駅周辺での休憩には、素敵なカフェ時間でくつろぎたい。

ケーキセット 1056円〜
店内にある好みのプチガトーとソフトドリンクから選べる

**JPタワー名古屋1F**

### ラ・メゾン・ジュヴォー

**MAP** 付録P.8 C-2

### 南仏プロヴァンスで生まれた
### 老舗パティスリー&カフェ

自慢のスイーツが買えるブティックにパンやスイーツを楽しめるカフェが併設。セットメニューも豊富に揃い、朝食、ランチ、夜の軽食までオールタイムで利用できる。

☎ 052-433-2178
所 中村区名駅1-1-1 JPタワー名古屋1F
営 10:00〜20:00 休 無休 交 各線・名古屋駅から徒歩1分 P JPタワー名古屋駐車場利用

中はもっちり、外は香ばしいフランス伝統菓子のカヌレ

店内は南仏プロヴァンスの空や風を感じるような空間が演出されている

広々とした入口をくぐるとまばゆいばかりの本格スイーツが並ぶ

## 世界の料理をカジュアルに楽しむ至福のランチタイム

# 異国の風が薫る食卓

世界中のグルメが集まる名駅周辺。各国の伝統や文化が詰まった本格的な料理を満喫したい。

---

**ミッドランドスクエア4F**

## バル デ エスパーニャ ムイ 名古屋ミッドランド店
バル デ エスパーニャ ムイ なごやミッドランドてん

**スペイン料理**

**MAP** 付録P.9 D-3

### 絶品パエジャが味わえる本格的なスペインバル

ワイン、ビール、タパスや煮込みなど、地物にこだわった味が堪能でき、全面ガラス張りの16mのロングカウンターでは、オープンキッチンならではの躍動感も楽しめる。

☎ 052-527-8821
所 中村区名駅4-7-1 ミッドランドスクエア4F
営 11:00〜15:00(LO14:00)(土・日曜、祝日〜15:30(LO14:30) 17:30(土・日曜、祝日17:00)〜23:00(LO21:30) 休 無休(ミッドランドスクエアに準ずる) 交 各線・名古屋駅から徒歩4分 P ミッドランドスクエア駐車場利用

**予約** 望ましい
**予算** L 1100円〜 / D 4000円〜

↑16mもあるロングカウンターは人気の席

↑ランチでも本格的なパエジャが食べられる。魚介の旨みが凝縮したスープで炊くパエジャは絶品

**おすすめメニュー**
パエジャランチ 2530円
ランチフルコース 2700円

---

**大名古屋ビルヂング1F**

## Salt Water by David Myers
ソルトウォーター バイ デイビッド マイヤーズ

**イタリア料理**

**MAP** 付録P.9 D-3

### 人気のスターシェフが贈る本格イタリアン

イタリア人シェフ自慢の自家製生パスタと熱々ステーキが楽しめるオシャレなレストラン。

☎ 052-414-5423
所 中村区名駅3-28-12 大名古屋ビルヂング1F
営 11:00〜23:00(LO21:30) 休 不定休 交 各線・名古屋駅から徒歩3分 P 大名古屋ビル駐車場利用

↑もちもち食感が特徴の自家製パスタは太さや食感など個性の異なる種類が豊富に揃う

↑数種類のディナーコースを用意
↑天候の良い日は、テラス席で優雅なひとときを

**予約** 可
**予算** L 1430円〜 / D 3000円〜

**おすすめメニュー**
ランチ生パスタ 1298円〜

---

**JPタワー名古屋 B1**

## エリックサウス KITTE名古屋店
エリックサウス キッテなごやてん

**南インド料理**

**MAP** 付録P.8 C-2

### 一口食べたらクセになる話題の南インドカレー

伝統的な製法による南インドカレーやスパイス料理を提供する専門店。カレー2種類とさまざまな伝統菜食料理をバスマティライス(インドの最高級香り米)とともに楽しめる「エリックミールス」は健康志向の女性に人気。

☎ 052-433-1780
所 中村区名駅1-1-1 JPタワー名古屋B1
営 11:00〜23:00(LO22:00) 休 無休 交 各線・名古屋駅から徒歩1分 P JPタワー名古屋駐車場利用

↑落ち着いた雰囲気で、スパイスの良い香りが漂う

**予約** 可(ランチは11:00のみ)
**予算** L 1000円〜 / D 2000円〜

**おすすめメニュー**
エリックミールス 1560円
チキンビリヤニプレート 1210円

↑濃厚な味と香りが染み込んだ、ふんわりパラパラなバスマティライスのビリヤニ

洗練スイーツ / 異国の風が薫る食卓

↑店を代表する「和風だしでマリネした農園野菜のテリーヌ」。野菜ごとに違う調理法で旨みを引き出している

### 約370年前の土蔵を活用したフレンチの名店

## 四間道レストラン マツウラ

しけみちレストラン マツウラ

**MAP** 付録P.9 F-2

↑2つの土蔵が建ち、ひとつはイベントスペースに。整備された庭も美しい

伝統的な街並みが残る四間道。江戸時代に建てられた土蔵をリノベーションしたレストラン。フランスの名店で腕を磨いたシェフによる料理は極上の逸品ばかりだ。

☎052-720-5631
所 西区那古野1-36-36
営 11:30～14:00(LO) 16:00～20:30(LO)
休 月曜、第3日曜 交 地下鉄・国際センター駅から徒歩5分 P なし

↑フランスのブルゴーニュに何度も足を運んだシェフが厳選したワインも豊富に揃う

**おすすめメニュー**
ランチコース 6600円
ディナーコース 1万3200円

**予約** 望ましい
**予算**
L 4400円～
D 1万2000円～

↑土蔵のレトロな雰囲気を残しながらもモダンなデザインにリノベートされた店内はゆったりくつろげる

歩く・観る ● 名古屋駅周辺

### 四間道にたたずむ名店

# 和の趣を伝える 粋なダイニング

土蔵や町家の古き良き雰囲気をまとう上質な店内で、独創性豊かなフレンチや滋味あふれる和食を味わう。

### 職人の技を見ながら 一品一品に舌鼓を打つ

## みつ林

みつばやし

**MAP** 付録P.9 F-2

四間道の下町的な小路にたたずむ懐石料理の店。店内は大きな木のカウンター席がメインの割烹風で、和食職人の手仕事を間近に見ながらできたての料理が堪能できる。

☎052-533-5530
所 西区那古野1-22-9 営 12:00～14:30(LO13:30) 17:30～22:30(LO20:30)
休 日曜、第3月曜(不定休あり) 交 地下鉄・国際センター駅から徒歩5分 P なし

↑タイムスリップしたような懐かしい町家風の飲食店が軒を連ねる一角にある

**予約** 要
**予算** L 3630円～ D 9900円～
※夜のみ別途サービス料550円

↑ランチ、ディナーともに懐石料理のコース

↑旬の野菜などを使った季節の椀もの。食材の旨みが凝縮されている

↑懐石料理の酒の肴の盛り合わせ「焼き八寸」。この店の八寸は味はもちろん視覚でも十分楽しませてくれる。旬魚は近くの柳橋中央市場からの仕入れ

**おすすめメニュー**
夜の懐石コース 1万4300円

連日多くの人で賑わう小料理バルドメ。カウンター、テーブル席、半個室もあり、用途に合わせて利用できるのもうれしい

## 柳橋中央市場に繰り出す夜
# 活気と滋味の酒場

名古屋の台所として、早朝から大勢の買い物客が集う市場も、日が暮れると、美酒や美食が揃うダイニングに様変わり。

### 「柳橋中央市場」のこと
明治時代後期に万物問屋がまとまり開設されたのが始まりとされる。以来、名古屋の台所として親しまれ、300軒以上の店が立ち並ぶ。今では日本最大級の規模を誇る民間市場として知られる。

---

東海エリアを中心とした
国産・地産にこだわるバル

## 小料理バル ドメ
こりょうりバル ドメ

MAP 付録P.9 E-4

店名の由来、ドメスティック&ローカルをテーマに、東海3県の食材にこだわった厳選料理とお酒が楽しめる。その日のおすすめ食材は店内の黒板に記載されるのでチェックしたい。

☎052-485-7888
所 中村区名駅4-21-5
営 17:00～23:30(土曜16:00～)　休 日曜、祝日
交 各線・名古屋駅から徒歩5分

↑まぐろスペアリブ甘辛煮 1400円

↑つまみ各種430円～

### おすすめメニュー
串揚げ(1本) 120円～
三河鶏つくねの銀あん掛け 770円

↑体に良いブレンドオイルを使用した串揚げ。東海地区の銘酒とぜひ

予約 可
予算 4000円～

粋なダイニング／活気と滋味の酒場

---

↑温かみを感じるスタイリッシュな空間

### おすすめメニュー
SILVAオールスターズ 3500円
函館スペシャルオーシャンズ 2640円

↑8食限定のチーズ「自家製プラッティーナ」

予約 可
予算 4000円～

↑厳選したお肉の盛り合わせのSILVAオールスターズ(2～3人前、肉の総重量300g)

産地直送の新鮮な海の幸と
職人が厳選した最高の肉を

## 名駅ダイニング SILVA
めいえきダイニング シルバ

MAP 付録P.9 E-3

素材を炉端でシンプルに焼き、イタリアンをベースにした調理法でいただく大人のダイニング。入口横のマルシェコーナーには、名古屋では流通しづらい良質な食材が豊富に並ぶ。

☎052-446-7772
所 中村区名駅4-18-15
営 17:00～23:00(LOフード22:00 ドリンク22:30)　休 不定休
交 地下鉄・国際センター駅から徒歩2分

# 久屋大通の周囲に開けた最先端エリア
# 栄・伏見・丸の内

さかえ・ふしみ・まるのうち

美しく整備された100m道路を中心に広がる一大繁華街。ショップからグルメ、芸術などすべてが集結し発展し続ける。

## 城下町づくり思想が生きる商都名古屋のメイン地区

南北を貫く緑豊かな久屋大通を中心に展開する、名古屋の一大繁華街。江戸時代の碁盤割の街づくりと、防火帯として整えられた広い道路を都市計画の基盤として、戦後新たに築かれたエリアだ。市民の憩いの場である久屋大通公園の周辺に最先端スポットが集結する栄、オフィスビルが立ち並ぶ丸の内では昭和に生まれた繊維街が今再び活気をみせる。伏見は堀川沿いが美しく整備されて、流行に敏感な市民たちの集う注目エリアとして賑わっている。

### 観光のポイント

**街の2大シンボルを見学**
オアシス21と中部電力 MIRAI TOWER、2つの名所は見応え十分

**巨大プラネタリウムで天体観測**
名古屋市科学館にある世界最大級のプラネタリウムで星空体験

**世界の名画を鑑賞する**
名古屋市美術館で地元作家と世界のコレクションに感動

### 交通information

名古屋駅から地下鉄東山線で伏見駅まで3分、栄駅まで5分／名古屋駅から地下鉄桜通線で丸の内駅まで3分、久屋大通駅まで5分

### ビル街と古い通りが共存
**丸の内** まるのうち

古くからの商店街や老舗が残り、長者町繊維街に新たに誕生したゑびすビルパート1〜3に注目が集まる。

### 美術館や堀川沿いに注目
**伏見** ふしみ

オフィス街にある白川公園には美術館や博物館が建つ。堀川沿いの納屋橋界隈は新たな憩いのスポットに。

### 白川公園 しらかわこうえん
噴水が目印。敷地内に美術館、科学館が建つ。

### 名古屋の一大繁華街
**栄** さかえ

緑豊かな落ち着いた雰囲気の栄キタと、ファッションビルの多い栄ミナミに分かれる。グルメや買い物などすべてが充実。

## 久屋大通公園
ひさやおおどおりこうえん

栄を貫く100m道路の中央分離帯に広がる緑豊かな都会のオアシス。

## 中部電力 MIRAI TOWER
ちゅうぶでんりょく ミライタワー

名古屋を代表するランドマーク。360度のパノラマビューは絶景。

戦後発展した有数の繊維街。ユニークなゑびすビルの人気で再び注目スポットに

堀川沿いの遊歩道が整備され、納屋橋界隈にはレストランやカフェも誕生

名古屋でここにしかないブランドが入り注目度も抜群

巨大な観覧車が目印。エンタメ、ショップ、グルメが充実の複合商業施設

新館「PARCO MIDI」も誕生してトレンドを発信

### オアシス21
オアシスにじゅういち

イベント開催も多く、飲食店やショップなど何でも揃う複合施設。

---

## 栄の地下街

### セントラルパーク
**MAP** 付録P.11 E-3
中部電力 MIRAI TOWERの真下にある地下街。女性に人気が高い。

### 森の地下街 もりのちかがい
**MAP** 付録P.11 E-4
地下鉄の改札に近い歴史ある地下街。名店が多いと評判。

### サカエチカ
**MAP** 付録P.11 D-4
広小路通の下に広がる。老舗が多く、新店も続々オープン。

## 栄の老舗デパート

### 松坂屋 名古屋店
まつざかや なごやてん
**MAP** 付録P.13 D-1
名古屋開府と歴史を同じくする百貨店。名古屋最大級の食品売り場「ごちそうパラダイス」は圧巻。
☎ 052-251-1111
所 中区栄3-16-1 営 10:00〜19:00（フロアにより異なる）休 不定休 交 地下鉄・矢場町駅直結 P 契約駐車場利用

### 名古屋三越 栄店
なごやみつこし さかえてん
**MAP** 付録P.11 D-4
コスメやデパ地下グルメまで充実の品揃え。洗練された感度の高いブランドも人気。
☎ 052-252-1111
所 中区栄3-5-1 営 地下2階〜3階・9階レストラン10:00〜20:00、4階〜9階（レストラン除く）10:00〜19:00 休 不定休 交 地下鉄・栄駅直結 P 提携駐車場利用

## ショッピングスポット

### m.m.d.
エムエムディー

中部電力 MIRAI TOWERの近くにあるモダンな焼物を扱う店。瀬戸焼を現代風にアレンジしたオリジナルブランド「m.m.d.」を販売。
**MAP** 付録P.11 D-3 → m.m.d.
☎ 052-684-6682 取皿各1595円
所 中区錦3-6-5 コインズビル1F 営 11:00〜20:00 休 なし 交 地下鉄・久屋大通駅から徒歩3分 P なし

→ m.m.d.ピアカップ2200円

→ ガラス張りの店舗もおしゃれ

最先端エリアにそびえるシンボルタワーと立体型公園

# 2大ランドマークを訪ねる

個性的なガラスのオブジェが目を引くオアシス21。名古屋市街地のシンボルとして君臨し続ける中部電力 MIRAI TOWER。隣り合う新旧2つの名所は、常に多くの人で賑わう。

## オアシス21
オアシスにじゅういち
**MAP** 付録P.11 E-3

### 空中に浮かぶガラスの大屋根「水の宇宙船」がシンボル

水が流れるガラスの大屋根では地上14mの空中散歩を楽しめるほか、くつろぎと憩いの地上公園「緑の大地」、交通の拠点「バスターミナル」、そして地下には「銀河の広場」と、その周りをとりまく約30のショップからなる複合施設。

☎052-962-1011 所東区東桜1-11-1 営物販店10:00〜21:00、飲食店は〜22:00、水の宇宙船〜21:00（一部店舗により異なる） 休無休（ショップは1月1日、ほか年2回臨時休業あり） 料無料 交地下鉄・栄駅直結 Pなし

↑ガラスの上面を覆う薄い水のベールは井戸水などを使用

↑「銀河の広場」では、毎週さまざまなイベントを開催

### 緑の大地
みどりのだいち

美しい芝生が広がる都会のオアシス。雨水などを再利用して緑地を管理

### 水の宇宙船
みずのうちゅうせん

船がモチーフの楕円形の大屋根。四季折々に演出されるライトアップは圧巻

歩く・観る●栄・伏見・丸の内

# 中部電力 MIRAI TOWER
ちゅうぶでんりょく ミライ タワー
**MAP** 付録P.11 D-3

## 国の有形文化財にも登録 360度の絶景パノラマビュー

昭和29年(1954)竣工の日本初の集約電波鉄塔。開業以来初となる全体改修工事を経て2020年に名前も新たにリニューアル。グッズショップや飲食店なども加わり、新たな街のシンボルとして生まれ変わった。2022年12月にタワーとしては初めて重要文化財に指定された。

↑新しくなったライトアップも必見

☎052-971-8546 所中区錦3-6-15先 ⏰10:00〜20:40(土曜〜21:20) 休無休(レストランは店舗により異なる) 料スカイデッキ、スカイバルコニーは展望料金900円(イベントにより異なる) 交地下鉄・栄駅から徒歩5分 Pなし

### スカイバルコニー
地上100mの屋外展望台。晴れの日は知多半島や鈴鹿山脈まで見渡せる

### スカイデッキ
地上90mに位置する屋内展望台。華やかな名古屋の夜景を堪能できる

### スカイウォーキング
地上からスカイデッキまで410段の外階段を上るスリル満点の体験。土・日曜、祝日の10〜16時のみ

### THE TOWER HOTEL NAGOYA
ザタワー ホテル ナゴヤ
テレビ塔の意匠を生かした特別な空間で宿泊できるホテル

### タワーステーション
景色が楽しめるカフェやオリジナル商品を扱うグッズショップも

2大ランドマークを訪ねる

**プラネタリウム「NTPぷらねっと」**
内径35mを誇り、ギネスに認定された世界最大級の巨大ドームに、約9100個の限りなく本物に近い星空を投影。専門学芸員による生解説も好評

# 世界最大級のプラネタリウムを備える科学館へ
# 宇宙と地球の神秘を体感

「みて、ふれて、たしかめて」がモットーのエンターテインメント性豊かな科学館。竜巻や稲妻の発生装置など、大人も夢中になれる体験ショーが目白押し。

歩く・観る ●栄・伏見・丸の内

## 名古屋市科学館
なごやしかがくかん
**MAP** 付録P.12 B-1

### 約260種の多彩な展示・体験 ギネス認定のプラネタリウム

生命館、理工館、天文館の3エリアで構成。世界最大級のプラネタリウムは、最新光学機器によって星の瞬きまで再現され、行列になるほど人気。毎日開催される実演・実験などが充実しており、楽しみながら科学を学ぶことができる。

☎052-201-4486 所中区栄2-17-1(芸術と科学の杜・白川公園内) 営9:30～17:00(入館は～16:30) 休月曜(祝日の場合は翌平日)、第3金曜(祝日の場合は第4金曜)、臨時休館2月20日～3月13日 料800円(展示室のみは400円) 交地下鉄・伏見駅から徒歩5分 Pなし

白川公園内に位置する

**水の広場**
20tもの水を使って地球上の水の循環を巨大装置で再現。ショーは1日8回。高さ9mから雨が降るシーンは圧巻

**H-ⅡB ロケット**
2011年完成の国産大型ロケットの実物と同じ実験用実機を展示

**放電ラボ**
2基の大型コイルから120万Vの電気エネルギーが放たれ、放電現象のメカニズムを実演

**極寒ラボ**
防寒着を着用して-30℃の部屋に入り、オーロラを観察したり、本物の流氷、南極の氷に触れる

**竜巻ラボ**
高さ9mの竜巻を人工的に発生させる。風船や風車を用いて竜巻の仕組みを解説するショーは1日3回(土・日曜、祝日は4回)

**極寒ラボは整理券を入手**
人気大型ショーのうち「極寒ラボ」は整理券制。週末は早めになくなる場合もあるので、事前に確保しておきたい

## 世界的画家の作品から地元クリエイターの作品まで
# アートを感じる知的な時間

芸術文化の一大拠点・名古屋。名作や斬新な切り口のコレクション群を誇るミュージアム、デザインを国際的な観点から紹介するギャラリーなど、幅広いアートスポットが充実。

### 名古屋市美術館
なごやしびじゅつかん

#### 世界の名画約8500点を所蔵 メキシコ近代芸術も充実

エコール・ド・パリ、メキシコ・ルネサンス、郷土の美術、現代の美術の4部門で構成。パリで活躍した荻須高徳など地元出身の作家とゆかりの地域や時代の作品を収集対象とするなど、独自の切り口で知られる。

MAP 付録P.12 B-2
☎052-212-0001
所 中区栄2-17-25(芸術と科学の杜・白川公園内) 営 9:30〜17:00(祝日を除く金曜は〜20:00) 入館は各30分前まで 休 月曜(祝日の場合は翌日) 料 300円(常設展、特別展は別途) 交 地下鉄・伏見駅から徒歩8分 P 白川公園駐車場利用

◆地元出身の建築家・黒川紀章氏設計の白亜の建物。白川公園内にある

◆所蔵作品のオリジナルグッズを取り扱うミュージアムショップ

アメデオ・モディリアーニ『おさげ髪の少女』
モディリアーニの晩年の代表作。人物の瞳が描かれているのは数ある作品のなかでも珍しく、素朴な人間の情感を表現。1918年頃作(名古屋市美術館所蔵)

### 国際デザインセンター
こくさいデザインセンター

#### 多彩なデザインと クリエイターグッズに出会える

4階のギャラリーでは企業やデザイナー、デザイン系学生らによる製品発表、個展などを開催。地下1階ではクリエイターの作品が購入できる支援型ショップが楽しめる。

MAP 付録P.13 D-1
☎052-265-2106(クリエイターズショップ・ループ)
所 中区栄3-18-1 ナディアパーク・クレアーレB1 営 11:00〜20:00 休 無休(1月1日、入替日を除く) 料 無料 交 地下鉄・矢場町駅から徒歩5分 P ナディアパーク地下駐車場利用

◆公募で選ばれた地元クリエイターらが出店

### 愛知県美術館
あいちけんびじゅつかん

#### 世界の美術動向を垣間見る 20世紀以降の作品が集結

ピカソやクリムト、横山大観や黒田清輝など、20世紀初頭から現代までを中心とする多様なコレクションを展示するほか、多彩な企画展も開催。

MAP 付録P.11 E-3
☎052-971-5511(愛知芸術文化センター)
所 東区東桜1-13-2 愛知芸術文化センター10F 営 10:00〜18:00(金曜は〜20:00) 入館は各30分前まで 休 月曜(祝日の場合は翌平日) 料 500円(企画展は別途) 交 地下鉄・栄駅から徒歩3分 P アートパーク東海駐車場利用(有料)

◆20世紀の国内外の優れた美術作品などを展示

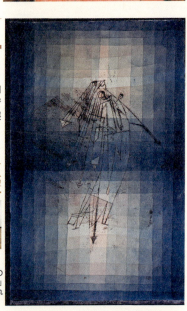

パウル・クレー『蛾の踊り』
生涯で9000点にも上る作品を残したスイスの画家。独自に生み出した技法「油彩転写素描」で描かれた豊かな線描が特徴的な詩情あふれる作品。1923年作(愛知県美術館所蔵)

宇宙と地球の神秘／アートを感じる

## 歴史

### 名古屋城築城とともに開削された人工水路
### 城下町を支えた大動脈・堀川

市の中央を南北に流れる、400年の歴史を誇る人工の水路、堀川。街発展の大動脈として、そして人々の憩いの場として、時代の変遷のなかで変わらずこの街を支えてきた。

### 全長約7.2kmにおよぶ堀川が果たした役割

　堀川は、もともと小さな川が流れていたところを開削して造られた人工の水路だ。工事を指揮した福島正則によって、名古屋城西側の龍の口から熱田湊までの約7.2kmを、わずか1年で完成。同時に架けられた堀川七橋は、今も同じ場所に同じ名前で残っている。城の完成以後も堀川は物流の大動脈となり、川沿いに問屋や蔵が立ち並び、商都名古屋の礎となった。やがて両岸に桜や桃の木が植えられ、人々が花見や舟遊びも楽しんだという。昭和には一時深刻な水質汚染に陥り、改善が続いた。近年は納屋橋界隈が整備されカフェやレストランが建ち、屋形船や不定期のクルーズ船なども行き交っている。橋のすぐそばに建つ旧加藤商会ビル(P.94)の地下1階は、堀川の情報を集めたギャラリーになっている。

⬆川沿いには城から日置橋付近まで桜の木が植えられ、春にはお花見の屋形船が行き交った『堀川観桜船図』〈一般財団法人名古屋城振興協会蔵〉

⬆桜のシーズンには貸切の屋形船で江戸情緒たっぷりのお花見クルーズも楽しめる

### 河川に架かる堀川七橋

#### 五条橋 ごじょうばし
円頓寺商店街東側の入口に位置。清須の五条川の橋を移築したのが起源。

#### 中橋 なかばし
大正時代に架け替えられたまま残る、日本で4番目に古い道路用鋼桁橋。

#### 伝馬橋 てんまばし
東海道と中山道を結ぶ美濃街道が通り、江戸期は旅人たちで賑わった。

#### 納屋橋 なやばし ➡P.95
アーチ型が美しく、広小路が通る周辺は注目のエリア。福島家の家紋も。

#### 日置橋 ひおきばし
江戸時代の桜の名所。たもとに『堀川花盛』の風景画のある記念碑が残る。

#### 古渡橋 ふるわたりばし
近くを鎌倉街道(小栗街道)が通り、かつては人々の往来が激しかった。

#### 尾頭橋 おとうばし
堀川七橋で最も南の下流に位置し、何度も流されては架け替えられた。

堀川、納屋橋沿いに建つサイアムガーデン。夜はライトアップが望める

## 堀川を望みながら美味を堪能
# 納屋橋周辺 異国の味
なやばし

料理だけでなくお店のロケーションも、旅先での食事の醍醐味。リバービューを満喫しつつ、この街の歩みにも思いを馳せてみたい。

### サイアムガーデン

MAP 付録P.9 F-4

**歴史のある重厚なビルで本場さながらのタイ料理を**

かつてはタイ領事館があった登録有形文化財の中にあるタイ料理店。バンコクの高級ホテル、シェラトン・グランデ・スクンビットで腕を磨いた女性料理長の本格派タイ料理が楽しめる。

☎052-222-8600
所 中区錦1-15-17
営 11:30〜14:30(LO14:00) 17:00〜21:00(LO20:30)
休 第1・3日曜
交 地下鉄・伏見駅から徒歩5分　P なし

予約 望ましい
予算 L 1000円〜
　　 D 4000円〜

**おすすめメニュー**
ジャスミンコース(ランチのみ)　3200円
アユタヤコース(ディナーのみ)　5800円

↑昭和10年(1935)頃にシャム国(現タイ王国)領事館が置かれた

→納屋橋を見下ろせる2階の窓辺の席がおすすめ

↑ココナッツの濃厚なコクが堪能できる鶏肉のグリーンカレー1550円(手前)。定番のトム・ヤム・クン1800円(奥)は辛さが選べる

大動脈・堀川/納屋橋周辺 異国の味

ハニートースト 650円(バニラアイス付きは+150円)
特製ミニブレッドは、ハチミツを練り込んであるので、耳までおいしく食べられる

## スイーツが自慢、大人のカフェ
# 甘い香りに包まれて

名古屋の中心街にたたずむカフェは、お店によってコンセプトもさまざま。
手作りスイーツとともに、おしゃれな空間で散策のひと休み。

注文が入ってから焼き上げるオリジナルホットアップルパイ

ネルドリップで淹れる
こだわりのコーヒー

### ヴァンサンヌドゥ

**MAP** 付録P.11 D-3

焼きたてのホットアップルパイと、ハチミツがたっぷりのハニートーストが人気のカフェ。街の中心地にありながら、穏やかな非日常の空間に虜になる人も多い。

☎052-963-8555
所中区錦3-6-29 サウスハウスB1 営11:00～23:00(ランチ11:30～14:00LO)、日曜は～22:30 休無休 交地下鉄・栄駅／久屋大通駅から徒歩2分 Pあり(有料)

ぬくもりある空間で、贅沢なひとときが過ごせる。個室も完備

歩く・観る 栄・伏見・丸の内

**厳選した卵、オイルを使った
ふわふわパンケーキを堪能**

# ELK 名古屋店
エルク なごやてん

**MAP** 付録P.12 C-1

大阪、名古屋、京都などに展開している
パンケーキの人気店。ブランド卵と厳選された材料を使用したふわふわのパンケーキは、生地のおいしさを存分に堪能できる。

☎ 052-261-8227
所 中区栄3-20-14 住吉ビル1F
営 11:00(土・日曜、祝日10:00)～19:00 (LO18:00) 休 無休
交 地下鉄・矢場町駅から徒歩5分 P なし

クリームチーズブリュレと
MIXベリーソース
1540円(3ピース)
濃厚なとろけたチーズをのせた
パンケーキを甘酸っぱいベリー
のソースとバニラアイスで

⇧ 木製家具をベースにしたぬくもりあふ
れる店内。オープン前に行列も

⇧ エビとアボカドのオニオンクリーム
ソース1580円

⇧ 矢場公園やLoftから徒歩3分に位置する

甘い香りに包まれて

# 賑わいに満ちた名古屋随一の商店街

# 大須
おおす

大須観音の門前町として大いに栄えた大須界隈。衰退の時期を経て、今再び日本一の商店街に。

## 幼少の江戸川乱歩が見た大須

三重県で生まれた江戸川乱歩は、父親の仕事の関係で名古屋市内で暮らし、大須近隣の小学校にも通っていた。エッセイ『旅順海戦館』には、当時この界隈にあったと思われる見世物小屋に衝撃を受けたことが書かれている。

写真提供：立教大学江戸川乱歩記念大衆文化研究センター

### 時代も文化も国籍も混ざり合ったあやしげな魅力を放つ街

清須越の際に、援軍の駐屯地にあてるため街道の南と東の入口に神社仏閣を配置したのが街の起源。泰平の世が続き、参詣客であふれる寺町には商店や娯楽施設が軒を連ねるように。遊び好きの7代尾張藩主・徳川宗春の改革で、南寺町こと大須は一大歓楽街になった。今も独特の世界観を求めて人とモノが集まり、「大須大道町人祭」や「骨董露天市」など祭りや催しも目白押し。

**観光のポイント**

**新旧の魅力に満ちた通りを歩く**
老舗の名店や昔ながらの飲食店、電気街が軒を連ねる

**名物グルメを食べ歩き**
大須で長年愛されてきたみたらし団子や天津甘栗などを味わう

## 交通information

名古屋駅から地下鉄東山線で伏見駅まで3分、地下鉄鶴舞線に乗り換えて大須観音駅まで2分、上前津駅まで4分／名古屋駅から地下鉄東山線で栄駅まで5分、地下鉄名城線に乗り換えて上前津駅まで4分

## 大須演芸場
おおすえんげいじょう
**MAP** 付録P.12 B-3

### 大須の娯楽文化の伝統を受け継ぐ場所

ビートたけしや上沼恵美子も出演した演芸の発信地。毎月1〜7日には、東西、地元芸人による寄席が開催される。
☎0577-62-9203
所中区大須2-19-39
開毎月1〜7日の連続定席寄席 第1部11:00〜／第2部14:30〜 ※入場は各30分前から 休無休 料前売り券2700円、当日券3000円 交地下鉄・大須観音駅から徒歩3分 Pなし

↑2015年に大改修を行った

## 大須観音
おおすかんのん
**MAP** 付録P.12 B-3

### 浅草観音、津観音と並ぶ日本三大観音のひとつ

慶長17年(1612)に今の羽島市大須からこの地に移転。毎年2月の節分会、毎月18・28日の縁日に開催される骨董市が大須の名物。
☎052-231-6525 所中区大須2-21-47
開休料境内自由(参拝は6:00〜19:00)
交地下鉄・大須観音駅からすぐ
Pなし

↑生まれ年のご本尊を奉る普門殿

↑大須のシンボル的存在で多くの参拝客が訪れる

# 万松寺
ばんしょうじ
MAP 付録P.12 C-3

### 歴史的逸話が残る織田信長ゆかりの名刹

信長の父、信秀が建立した織田家の菩提寺で、天文9年（1540）に創建。信長が父の葬儀で位牌に抹香を投げつけた逸話も。白龍モニュメントやからくり人形「信長」が名物となっている。

☎052-262-0735
所中区大須3-29-12
休境内自由
交地下鉄・上前津駅から徒歩3分
P万松寺駐車場利用

↑2017年に再建された白龍館

↑白龍館入口の天井は提灯で飾られている

↑抹香事件と桶狭間の出陣の舞をするからくり人形は1日5回上演

---

### 食べ歩きグルメ&甘味処

## 新雀 本店
しんすずめ ほんてん

仁王門通と門前町通の辻にある手焼きの団子屋。醤油風味のみたらし団子ときなこ団子が人気で行列ができるほど。

↑みたらし団子、きなこ団子ともに1本100円

MAP 付録P.12 B-3
☎052-221-7010
所中区大須2-30-12
営12:00〜19:00
休不定休
交地下鉄・大須観音駅から徒歩5分
Pなし

↑店頭のコンロの前にはたくさんの人が並ぶ

# 名建築に彩られた歴史遺産の宝庫
# 名古屋城・白壁

なごやじょう・しらかべ

栄華を極めた徳川家至宝の数々、近代日本の生きた文化財。タイムスリップしたかのような歴史ロマン薫る街を巡りたい。

歩く・観る ● 名古屋城・白壁

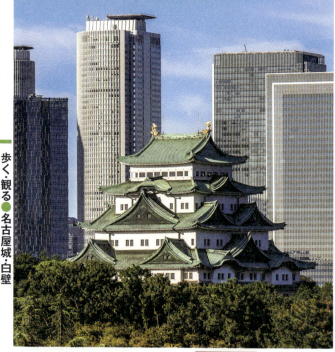

### 勇壮な姿の名古屋のシンボル
**名古屋城**
なごやじょう

金のシャチホコが天守に輝く巨大城郭。家康による商人の街・名古屋の歴史はここからスタートした。

### 名古屋の歴史と文化が凝縮
### 城下町の栄華を求め、時を遡る

　名古屋城から白壁、徳川園までの一帯は「文化のみち」と呼ばれ、尾張徳川家の居城として威容を誇った名古屋城をはじめ、日本の近代化を担った貿易商や財界人の邸宅、ネオ・バロック様式の名古屋市市政資料館など、貴重な建造物が数多く残る。趣深い建築群や尾張徳川家の遺愛品を所蔵する徳川美術館などを訪ね、江戸〜明治〜大正と、街が重ねた歴史にふれてみたい。観光バス「メーグル」（P.156）がこの一帯を運行しており、散策に便利。

### 観光のポイント

**街のシンボル、名古屋城を見学**
築城400年を超え尾張徳川家の栄華を今に伝える圧巻のスケールを感じる

**レトロ建築が並ぶ白壁の街並みを巡る**
趣深い建築物を巡り、貿易商らの瀟洒な邸宅跡を活用したカフェやギャラリーにも立ち寄る

### 交通information

名古屋駅から地下鉄桜通線で久屋大通駅まで5分、地下鉄名城線に乗り換えて市役所駅まで2分／名古屋駅からJR中央本線で大曽根駅まで12分

### 名古屋東照宮
なごやとうしょうぐう

元和5年(1619)に尾張藩祖・徳川義直が家康を祭神として、名古屋城内に創建。明治9年(1876)に現在地へ移転。

**MAP** 付録P.10 B-1
☎052-231-4010　所 中区丸の内2-3-37
開休料 境内自由　P なし

## 近代建築の姿が残る文化エリア
### 白壁
しらかべ

中級武士の屋敷が置かれ、明治以降は中部財界人の邸宅地に。空襲を免れた歴史的街並み保存地区。

### 徳川園
とくがわえん

江戸時代の主流であったという池泉回遊式の日本庭園。変化に富んだ景観が特徴的。

## 廃藩ののち、白壁界隈で栄えた陶磁器産業

明治維新後に藩が解体し、武士が手放した土地は陶磁器産業の舞台に変わる。瀬戸や東濃地域の陶磁器を輸出する際、名古屋での絵付けが効率的と考えられたためだ。昭和7年(1932)築のレトロビルが目を引く陶磁器会館では、当時の珍しい絵柄の陶磁器を展示。

### 名古屋陶磁器会館
なごやとうじきかいかん

**MAP** 付録P.6 C-3
☎052-935-7841　東区徳川1-10-3　10:00～17:00(入館は～16:30)　土・日曜、祝日　無料
名鉄・森下駅から徒歩15分　Pあり

### 名古屋市役所本庁舎
なごやしやくしょほんちょうしゃ

時計塔の頂上には四方にらみのシャチホコを。愛知県庁本庁舎と並ぶ帝冠様式の代表格。

### 徳川美術館
とくがわびじゅつかん

国宝9件を含む、尾張徳川家歴代藩主の愛用品、家康の遺品など1万件余りを収蔵。

### 愛知縣護國神社
あいちけんごこくじんじゃ

戊辰の役殉難志士の神霊や、愛知県ゆかりの戦没者の英霊が祀られている。平和の守神と幸を願う社として知られる。

**MAP** 付録P.4 B-4
☎052-201-8078
中区三の丸1-7-3
境内自由　Pあり

### 愛知県庁本庁舎
あいちけんちょうほんちょうしゃ

名古屋城さながらの瓦屋根がのった姿は、重厚感漂う官庁街のなかでも目を引く存在。

### 名古屋市市政資料館
なごやししせいしりょうかん

ネオ・バロック様式の旧裁判所。大正ロマンを今に伝える中央階段室や復原会議室が特に有名。

尾張徳川家の栄華を
今に伝える街のシンボル

## 名古屋城
なごやじょう

かつて「尾張名古屋は城でもつ」と謳われ、
名古屋の繁栄と発展の礎となった歴史がある。
近世城郭屈指のスケールを間近に感じたい。

歩く・観る●名古屋城・白壁

「金鯱城」と称された尾張徳川家の居城
絢爛豪華な武家文化とその歴史にふれる

　関ヶ原の戦いに勝利し、天下人となった徳川家康の命により築城。天下統一最後の布石として、また大坂からの侵攻に備えた拠点として位置づけられた。築城にあたり、当時尾張の本拠地であった清須の街をまるごと名古屋へ移す「清須越」が行われた。幕府への忠誠を誓わせるための「公儀普請」として西国・北国20の大名に普請が命じられ、家康の九男・義直が初代藩主として入城して以降、尾張徳川家62万石の居城として繁栄をみせる。明治維新後は名古屋離宮となり、城郭建築として旧国宝第1号に指定されるも、名古屋空襲により天守閣、本丸御殿などが焼失。現在の天守閣の姿は昭和34年(1959)に再建されたものだ。本丸御殿の復元工事が完了し、2018年6月に完成公開を迎えた。また、名古屋随一の桜の名所でもある。

**MAP** 付録P.4 B-3

☎052-231-1700(名古屋城総合事務所)
所中区本丸1-1　開9:00～16:30(本丸御殿・西の丸御殿宝館は～16:00)　休12月29～31日、1月1日　￥500円(中学生以下は無料)　交地下鉄・名古屋城駅から徒歩5分　Pあり(有料)※現在、天守閣は閉館中

### 幻想的にライトアップされる夜の名古屋城天守閣も必見

天守閣が幽玄に照らし出される。城外の名城公園や歩道から眺められるほか、桜の時期の夜間開園時間の延長では、城内でより間近で楽しめる。

**天守閣のライトアップ**
日没～23:00頃まで
毎月8日は環境保全の日のため21:30まで。

## 見学information

### 季節のイベント

年間を通して行事が多い名古屋城。3月下旬～5月初旬の春のまつり、10月上旬～11月下旬の秋まつりは特に賑わいをみせる。桜や紅葉に彩られた城内では、茶会の特別公開や火縄銃実演などが繰り広げられる。

↑約900本の桜が出迎えてくれる春のまつり。夜桜も美しい

↑秋まつりでは菊花大会や火縄銃実演などが行われる

※最新の催事情報はHPなどで要確認

### 名古屋おもてなし武将隊

2009年、名古屋開府400周年にあわせて結成された「武将の聖地、名古屋」の観光PR部隊。メンバーが日替わりで城内に登場し、観光案内などを行っている。

↑週末には殺陣や甲冑ダンスといった演武(パフォーマンス)で人気を博している

### 復元事業進行中の天守閣

空襲により焼失したが、戦後、鉄骨鉄筋コンクリートで再建された天守閣。現在、江戸時代の貴重な文献や、焼失前の正確な実測図、多くの古写真などをもとに木造復元事業が進められている。

↑名古屋城天守閣木造復元イメージCG
提供:名古屋城総合事務所
制作:(株)竹中工務店

# 名古屋城をめぐる王道ベストコース!!
## 広大な城郭を散策する

所要約2時間

かつて濃尾平野を見渡す高台に誕生した24万㎡におよぶ巨大城郭。門や櫓、重厚な石垣など、創建時の名残が随所に点在している。

↑空襲により焼失したが、天守閣と同時期に再建された

歩く・観る ● 名古屋城・白壁

### 1 正門
せいもん

**城内観光はここから**

江戸時代には榎多御門があった場所だが、明治24年(1891)の濃尾大地震で大破したため、旧江戸城の蓮池御門を移築した。

### 2 榧の木
かやのき

**空襲の被災から見事に再生**

樹齢600年以上とされる天然記念物。初代藩主・徳川義直が大坂の陣への出陣の際にこの木の実を食べたとも伝わる。

↑高さ16m、幹周り8m。正門から入ってすぐの左手にある

### 3 表二之門
おもてにのもん

**数少ない築城時の建造物**

本丸への侵入を防ぐ防衛門。門柱や扉は強固な総鉄板張り。土塀には鉄砲狭間をあけている。

### 4 名勝 二之丸庭園
めいしょうにのまるていえん

**庭園路をゆったり散策**

東門から入って右手に位置する回遊式庭園。池や築山が配された優美な景観が四季ごとに変化する。

休憩ポイント

**二の丸茶亭**
庭園を眺めながら和菓子と抹茶のセットで一服。☎052-231-1655（名古屋城振興協会）営9:00～16:30 休名古屋城に準ずる

↑昭和25年(1950)重要文化財指定。古くは南二之門と呼ばれた

↑歴代藩主が実際に居住した城内の庭園としては日本一の広さを誇る

## 7 本丸御殿 ➡P.64
ほんまるごてん

### 2018年6月に復元が完成した御殿建築
「近世城郭御殿の最高傑作」と称された建物。空襲により焼失したが、多くの史料をもとに、史実に忠実に復元。

↑狩野派により描かれた襖絵も見どころ

## 6 天守閣
てんしゅかく

### 家康の威光を示す巨大な城
本丸の北西に並び立つ大天守閣と小天守閣からなる連結式層塔型と呼ばれる構造。豪壮な破風を持つ外観が特徴的。

↑外2重の小天守閣(左)と、金のシャチホコをいただいた外観5重の大天守閣(右)

↑清須城の天守閣を移築した説もある

## 5 西北隅櫓
せいほくすみやぐら

### 現存する名古屋城で最も大きな櫓
3重3階の入母屋造で、敵の監視や防御の役割を持つほか、武器保管の場所でもあった。

---

### おみやげはここで

**正門横売店**
せいもんよこばいてん

敷地内の売店3カ所のうちで最も品数が豊富。雑貨やお菓子、酒などを販売。

🗺 付録P.4A-3
☎ 052-231-1655(名古屋城振興協会)
🕘 9:00～16:45　休 名古屋城に準ずる

↑さぬき和三宝(和三盆)650円。家紋やシャチホコなどをかたどった和菓子

---

## 名古屋城を知るポイント

### 金のシャチホコ
空想上の神獣であるシャチホコ。顔は虎がモチーフで、口から水を噴き出す能力から火除けのまじないとされた。現在は2代目で、昭和34年(1959)の天守閣再建時に造られた。

↑北に雄、南に雌が鎮座。尾ひれが空を向くのが雄など、大きさや形で区別できる

### 石垣の刻紋
諸大名が自分の運んだ石をほかと区別するために刻んだとされる目印。形はくさび跡や丸、三角、扇子など多岐にわたり、現在までに発見されているものは約570種にものぼる。

↑本丸跡などの石垣に多く残っており、築城の名残を垣間見ることができる

### 清正石
推定10tともいわれる巨石。石垣工事を請け負った加藤清正が運んできたとされるが、実際は黒田長政の丁場だったことから説話と考えられる。

↑本丸跡から東二之門への途中にある。権力や警備を誇示する狙いがあったという

### 天守台
上部で外側に反り出す扇の勾配とよび、築城の名手・加藤清正が造り上げたと伝わる。

↑讃岐・肥前から運ばれた石材も使われたという

**広大な城郭を散策する**

# 平成に蘇った徳川家の国宝級御殿
## 本丸御殿を巡る
ほんまるごてん

近世城郭御殿の最高傑作と謳われる本丸御殿。
復元が完成し往時の姿がお披露目された。

### 徳川将軍が滞在した絢爛豪華な御殿

本丸御殿は、尾張藩主の住居兼政務の場として慶長20年(1615)に建築された。5年後に藩主・徳川義直が住居を二之丸御殿に移してからは、将軍が立ち寄った際の宿泊所に利用された。書院造りの大建築で、3代将軍家光の時代には、より絢爛豪華な上洛殿が増築された。名古屋空襲により焼失するが、2009年より復元工事がスタート。文献や実測図などをもとに、史実に忠実な復元作業が3期に分けて進められた。第1期には玄関と表書院、第2期に対面所や下御膳所、2018年6月には、第3期として完成公開を迎えた。

**注目ポイント**

**細部にわたる豪華な装飾**
約3000もの精緻な飾金具、黒漆塗の格天井、極彩色の欄間彫刻、金箔の障壁画や天板絵など、意匠を凝らした内装を随所で見られる。将軍の宿泊した上洛殿は特に圧巻。

↑対面所上段之間の二重折上小組格天井。格天井の中央部をさらに一段折り上げた凝った造り

**狩野派による障壁画**
襖絵や床の間絵などは高名な将軍家の御用絵師・狩野派の絵師たちの手によるもので、忠実に復元模写されている。部屋ごとに異なるテーマで描かれている。

↑玄関の一之間の障壁画『竹林豹虎図(一部)』

### 下御膳所
しもごぜんしょ

表書院に届ける料理の配膳の準備をしたり、温め直したりした場所。部屋の中央には囲炉裏が切られている

↑料理を温めた長囲炉裏。真上の天井から煙が抜けるようになっている

### 黒木書院
くろきしょいん

清須城にあった家康の宿舎を移築したと伝えられ、総檜造りの本丸御殿でここのみ松を使用している。

↑黒木書院の名は松の黒い木品に由来するとの伝承もある

### 御湯殿書院
おゆどのしょいん

将軍専用の風呂場。唐破風付の浴室はサウナ式の蒸し風呂だ。将軍が休息する湯上がり処が3部屋あった。

↑奥が浴室。外で湯を沸かし蒸気を引き込む蒸し風呂で、湯船はない

### 上洛殿
じょうらくでん

寛永11年(1634)の3代将軍家光の上洛に合わせて増築。本丸御殿で最も格式高く、最も豪華な将軍の部屋

↑天井板絵や襖絵、極彩色の欄間彫刻など豪華。上段之間、一〜三之間など6部屋ある

### 対面所
たいめんじょ

藩主と家族・家臣との私的な対面や宴席の場。上段之間と次之間の障壁画には風俗図が描かれている

↑上段之間の障壁画には、愛宕山や上賀茂神社の行事、田植えなど、のどかな京都の風物を描いている

↑付書院には花形模様をした優美な透かし彫りの「花欄間」が見られる

### 表書院
おもてしょいん

藩主の公的な謁見の場。上段之間に藩主が座し、客は一之間～三之間に着座した

↑表書院の襖絵は花鳥画が題材。三之間は異国の動物のジャコウネコ

↑藩主の座る上段之間(奥)は一段高く、最も豪華な造り。対面して来客用の一之間(手前)があり、その横に二～三之間が続く

### 玄関
げんかん

来客が最初に通された待合所があった。一之間に『竹林豹虎図』の障壁画があったため、虎之間とも呼ばれた

↑一之間の障壁画『竹林豹虎図』。豪華な金箔と猛獣は、藩主の威厳を示していたといわれている

↑御document入口の車寄。唐破風屋根や太い柱が重厚感たっぷり

### おみやげはここで
### ミュージアムショップ

本丸御殿の障壁画をモチーフにしたオリジナルの文具や雑貨、工芸品、名古屋みやげなどが手に入る。

☎052-204-2501
営休 名古屋城に準ずる

↑ペーパーウェイトやふすま絵ふきんなど(商品はイメージ)

---

## 名古屋城周辺の注目スポット

天守閣や本丸御殿見学の前後に、城内でランチやおみやげ探し。

### 名城公園
めいじょうこうえん
MAP 付録P.4 B-1

#### 花の名所として名高い公園

名古屋城の北側に広がる総合公園。芝生広場を中心に、オランダ風車や、名城公園フラワープラザなどがある。桜と藤の名所でもある。

☎052-913-0087(名城公園フラワープラザ)
所 北区名城1-2-25 開 園内自由、フラワープラザ9:00～16:30 休 無休。フラワープラザは月曜(祝日の場合は翌平日)、第3水曜(祝日の場合は第4水曜) 料 無料 交 地下鉄・名城公園駅から徒歩3分 P なし

↑御深井(おふけ)池には噴水があがりショウブやツツジが咲きほこる

### 金シャチ横丁
きんシャチよこちょう
MAP 付録P.4 B-3(義直ゾーン)
MAP 付録P.4 C-3(宗春ゾーン)

#### 名古屋名物の味が集まったグルメ横丁

名古屋城下に2カ所ある歴史観光飲食施設。伝統のなごやめしやおみやげ、新しい名古屋の味が楽しめるテイクアウトも充実。

☎052-973-9011(日本プロパティマネジメント) 所 義直ゾーン中区三の丸1-2-3～5、宗春ゾーン中区二の丸1-2・3 開 義直ゾーン10:30～17:30(店舗・時期により異なる)、宗春ゾーン11:00～22:00(店舗により異なる) 休 名古屋城に準ずる 料 入場無料 交 義直ゾーン地下鉄・名古屋城駅から徒歩10分、宗春ゾーン地下鉄・名古屋駅からすぐ P なし

↑正門近くの義直ゾーンでは、味噌カツやひつまぶしなどの王道グルメを満喫

本丸御殿を巡る

## 近世武家文化を体感できる優美な庭園

### 徳川園
とくがわえん

**龍仙湖**
りゅうせんこ
地下水を水源にした池泉回遊式庭園のハイライト。池を海に見立て、浮島や石橋が点在

海に見立てた池や岩の配置を変えた滝など、遊び心を感じる仕掛けが随所に光る。新緑や紅葉など四季折々の美しさも必見。

#### 江戸の粋が結集した日本庭園
#### 自然豊かな尾張国を表現

尾張徳川家の2代藩主・徳川光友の隠居所として造営。明治22年（1889）、侯爵となった尾張徳川家の邸宅となり、昭和に入り名古屋市に寄贈され、徳川園が開園された。紅葉の名所であり、虎仙橋周辺は特に美しい。

**MAP** 付録P.7 F-2
☎052-935-8988　所東区徳川町1001
時9:30～17:30（入園は～17:00）
休月曜（祝日の場合は翌平日）　料300円
交各線・大曽根駅から徒歩15分　Pあり（有料）

**虎仙橋**
こせんきょう
大曽根の瀧から下流の龍仙湖へ続く「虎の尾」と呼ばれる川に架かる檜造りの木橋

**大曽根の瀧**
おおぞねのたき
落差6mの3段の滝。上、中、下段の岩の組み方に趣向を凝らし、水しぶきの表情も異なる

**黒門**
くろもん
明治時代の尾張徳川家邸宅の遺構。武家屋敷の面影が残り、名古屋空襲の被害を免れた

**龍門の瀧**
りゅうもんのたき
鯉が滝を登りきって竜となったという登竜門伝説を表現したもの。別名「龍門瀑」

---

### 風雅な庭園を食とともに堪能

**龍仙湖を望むフレンチ**

#### ガーデンレストラン徳川園
ガーデンレストランとくがわえん

厳選した地元食材を用い、フレンチの伝統と和が融合したメニューが特徴。ワインは常時300種類、名古屋有数の品揃えを誇る。

↑落ち着いた優雅な空間でフレンチが楽しめる
↑季節の素材を味わえるコース

**MAP** 付録P.7 E-2
☎052-932-7887
時11:00～15:00（LO13:30）17:30～22:00（LO20:00）
休月曜（祝日の場合営業）

# 煌びやかな当時の暮らしに思いを馳せる
# 徳川家ゆかりの美術品を鑑賞

大名家の表道具である武具・刀剣や合戦道具。茶の湯道具や奥道具といわれる生活用品の数々。
近世大名の美意識に思いをめぐらし、当時の格式ある暮らしぶりを垣間見ることができる。

### 国宝『初音蒔絵調度』
3代将軍徳川家光の娘・千代姫が、尾張家2代藩主・光友との婚礼時に持参した豪華絢爛な調度品。近世蒔絵の最高峰とされ、日本一の嫁入り道具と称される
〈徳川美術館所蔵〉◎徳川美術館イメージアーカイブ／DNPartcom

### 保存状態の良さに注目
### 質・量ともに国内屈指
維新・大戦を通じて各大名家の道具が、ほとんど散逸してしまった今日、徳川美術館の大名道具コレクションは唯一まとまった存在。それぞれの作品の質も高い点が特徴だ。

## 徳川美術館
とくがわびじゅつかん

### 日本一の大名コレクション
### 御三家筆頭の至宝を展示

昭和10年(1935)に開館した尾張徳川家に伝わる大名道具を展示・公開する美術館。家康愛用の品を中心に、歴代藩主の遺愛品などを収蔵。国宝9件、重要文化財59件を含む収蔵品は1万件余りにもおよぶ。

**MAP** 付録P.7 F-2
☎052-935-6262 ㊖東区徳川町1017 ㊗10:00～17:00(入館は～16:30) ㊡月曜(祝日の場合は翌平日) ㊎1600円(徳川園との共通観覧料1770円) ㊋各線・大曽根駅から徒歩10分 ㊊あり

↑第1展示室は、武家の象徴であり、大名道具のなかでとりわけ高い格式が与えられた武具や刀剣が並ぶ

↑名古屋城二之丸御殿の「広間」と「鎖の間」の一部を復元した第3展示室。大名家の室内装飾を再現

↑昭和10年(1935)完成の近代的設備を誇る建物は登録有形文化財指定

↑平安時代に描かれた国宝『源氏物語絵巻』を複製・映像で紹介する第6展示室。年に1度原本も展示される

## 名古屋市蓬左文庫
なごやしほうさぶんこ

### 駿河御譲本に端を発する
### 国内最大規模の大名文庫

家康の没後、徳川御三家に分配された書物(駿河御譲本)を収蔵するために、尾張徳川家初代・義直が城内に御文庫を設けたのが始まり。歴代藩主の収集物も加わり、蔵書数は約12万点にのぼる。

**MAP** 付録P.7 E-2
☎052-935-2173 ㊖東区徳川町1001 ㊗展示室10:00～17:00(入館は～16:30) ㊡月曜(祝日の場合は翌平日) ㊎展示室1600円(徳川美術館との共通観覧) ㊋各線・大曽根駅から徒歩10分 ㊊なし

↑展示室入口の床には、名古屋城下の陶板絵図が設置されている

↑「蓬左」とは江戸時代に使用された名古屋の別称

徳川園 徳川家ゆかりの美術品を鑑賞

## 財界人が優雅に暮らした街で近代建築の遺産をたどる

# 白壁散策
しらかべ

かつて武家屋敷が立ち並んだ地区は、大正時代を中心に近代建築の宝庫へ変わる。交錯する歴史が今も見え隠れする街を歩く

**歩く・観る ● 名古屋城・白壁**

### 江戸の空気と大正ロマン 過去が同居する瀟洒な街

江戸時代、尾張藩の中級武士の屋敷があった白壁地区は、明治維新以後、比較的安価であった土地を利用して陶磁器産業が栄え、のちに豊田一族など財界人らが移り住み、洋風の邸宅が建てられた。戦火を免れた近代建築や武家屋敷跡が今も保存され、現在は「文化のみち」と呼ばれ親しまれている。点在する大きな邸宅を改築したレストランや料亭にも足を運んでみたい。

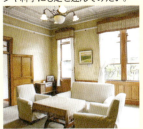
↑旧豊田佐助邸の洋館。邸内に施されたおしゃれな装飾にも注目したい

## 1 名古屋市市政資料館
なごやししせいしりょうかん

**MAP 付録P.5 E-4**

### 大正時代の趣が残る建物

赤レンガのこの建物は、大正11年(1922)に当時の名古屋控訴院・地方裁判所・区裁判所庁舎として建設された。現存する国内最古の控訴院建築であり国の重要文化財に指定されている。
☎052-953-0051 ⑩東区白壁1-3 ⑲9:00〜17:00 ⑭月曜(祝日の場合は翌日)、第3木曜(祝日の場合は第4木曜) ⑱無料 ⑯地下鉄・名古屋城駅から徒歩8分 Pあり

→見どころのひとつである中央階段室。ステンドグラスは必見

→3階に復原された陪審法廷。同じ3階の復原会議室も見学できる

## 2 カトリック主税町教会
カトリックちからまちきょうかい

**MAP 付録P.5 F-4**

### 名古屋最古の教会堂

白壁エリアで唯一現存する明治建築。約100年前のフランス製の鐘、富士山の溶岩で造られたルルドのマリア像などを見ることができる。
☎052-935-2223(教区本部事務局) ⑩東区主税町3-33 ⑲9:30〜17:00 ⑭火・木・日曜 ⑱無料 ⑯地下鉄・名古屋城駅から徒歩15分 Pあり

↑正面玄関の三連アーチが美しい

## 3 文化のみち 橦木館
ぶんかのみち しゅもくかん

MAP 付録P.6A-3

### 喧騒を忘れるレトロな邸宅

輸出陶磁器商として活躍した井元為三郎(1873〜1945)が、大正末期から昭和初期に建てた邸宅。大きく区割りされた敷地には、和館、洋館、東西2棟の蔵、茶室、庭園が残され、往時の姿を今に伝えている。

☎052-939-2850 住東区橦木町2-18
⏰10:00〜17:00 休月曜(祝日の場合は翌日) ¥200円 交地下鉄・高岳駅から徒歩10分 Pなし

↑名古屋市の有形文化財、景観重要建造物に指定。玄関をくぐれば赤絨毯が敷かれた階段ホールへ

↑洋館に隣接する広い和館。和室では企画展などが行われる

↑洋館2階の旧娯楽室にある美しいステンドグラス

↑和館、洋館、茶室をつなぐように広がる緑豊かな庭園

---

### 散策ルート
移動時間◆約50分

- 名古屋城駅 なごやじょうえき
- ↓ 徒歩8分
- **1** 名古屋市市政資料館 なごやししせいしりょうかん
- ↓ 徒歩6分
- **2** カトリック主税町教会 カトリックちからまちきょうかい
- ↓ 徒歩5分
- **3** 文化のみち 橦木館 ぶんかのみち しゅもくかん
- ↓ 徒歩4分
- **4** 文化のみち 二葉館 ぶんかのみち ふたばかん
- ↓ 徒歩4分
- **5** 旧豊田佐助邸 きゅうとよださすけてい
- ↓ 徒歩20分
- 名古屋城駅 なごやじょうえき

P.70に続く →

白壁散策

---

### 尾張藩を描いた『冬の派閥』

名古屋生まれの作家・城山三郎が描いた歴史長編。文明開化前夜の尾張藩を舞台に組織として、人としてのありようを現代社会に投げかけた大作。藩士が暮らした界隈で小説の世界の面影を感じてみたい。

## 5 旧豊田佐助邸
きゅうとよださすけてい

MAP 付録P.6A-3

### 見どころ多い大正の建築物

発明王・豊田佐吉の弟、佐助の住んだ邸宅。独特の和洋折衷建築や、鶴亀に「とよだ」の文字がデザインされた換気口など内部も見どころが多い。

☎052-678-2220
(公益財団法人名古屋まちづくり公社)
所 東区主税町3-8　開 10:00～15:30　休 月曜(祝日の場合は翌日)　料 無料　交 地下鉄・高岳駅から徒歩15分　P なし

↑白いタイル張りの洋館と木造の和館が不思議に調和する

## 4 文化のみち 二葉館
ぶんかのみち ふたばかん

MAP 付録P.6B-3

### 大正ロマンの漂う邸宅

大正時代、日本の女優第一号となった川上貞奴と電力王・福澤桃介が暮らした邸宅を移築復元。らせん階段や美しいステンドグラスに往時の優雅な暮らしがうかがえる。「文化のみち」の拠点施設にもなっている。

↑「二葉御殿」と呼ばれる文化人らのサロンでもあった

↑貞奴の資料や城山三郎の仕事場も展示

↑大広間の美しいステンドグラスは見事

☎052-936-3836　所 東区橦木町3-23
開 10:00～17:00　休 月曜(祝日の場合は翌平日)
料 200円　交 地下鉄・高岳駅から徒歩10分
P あり(30分までは無料)

---

### 文化財建築の喫茶室で休憩

**文化のみち 橦木館内**

## SHUMOKU CAFE
シュモクカフェ

橦木館の旧応接室を利用した贅沢な空間で、スリランカで高い評価を得るムレスナ茶の紅茶を、ジェラートや洋菓子、和菓子とともに楽しめるカフェ。

MAP 付録P.6A-3

☎080-2137-8449
営 10:30～17:00(LO16:30)
休 月曜(祝日の場合は翌平日)
※カフェのみ利用の場合は入館料不要

↑庭園に臨む窓の美しいステンドグラスが眺められる。店内には多くの現代アートも飾られ、雑貨や書籍の販売も充実。不定期にイベントも開催される

↑パンケーキとドリンクのセット1000円～。ホットティーやジェラートがのった甘いドリンクなど8種類から選べる

**名古屋市市政資料館内**

## 名古屋市市政資料館 喫茶室
なごやししせいしりょうかん きっさしつ

市政資料館内の2階奥、旧「第貳號法廷」が今では居心地の良い喫茶室に。名古屋名物の小倉トーストや和パフェ各450円が揃う。

↑一番人気のミックスサンド600円など4種類のサンドイッチがおすすめ

↑元法廷という雰囲気はなく、ギャラリーのようなカフェでゆったりできる

MAP 付録P.5E-4
☎052-953-0051
営 9:00～16:30
休 月曜(祝日の場合は翌日)、第3木曜(祝日の場合は第4木曜)

↑「第貳號法廷」の看板が掲げられた入口はなんとも趣深い

## 名古屋のフレンチの巨匠
## 北村シェフによる極上料理

### La Grande Table de KITAMURA
ラグランターブル ドゥ キタムラ

**MAP** 付録P.6A-3

スイスの3ツ星レストランの「ジラルデ」でスーシェフを務めた北村竜二シェフの店。オペラハウスのような豪華なレストランでの食事は夢のような時間だ。

☎052-933-3900
所 東区主税町4-84 営 11:30〜15:00(LO13:00) 17:30〜22:00(LO20:00) 休 不定休 交 地下鉄・高岳駅から徒歩12分 P あり

予約 可
予算 L 6000円〜 D 1万2000円〜

おすすめメニュー
ランチコース 5800円
ディナーコース 1万2100円

→シェフの渡欧時代の写真が飾られる

→シェフが長年温めてきた「レストランは劇場」をかたちにした、天井の高さが7mもあるホール型のメインダイニング。開放感がある非日常空間での食事は旅の思い出に

# 白壁の瀟洒な邸宅でランチ
# 美意識が宿る
# 優雅なレストラン

上品で美しいたたずまいが旅人を特別な時間へ誘う。素敵な雰囲気のなか、極上のフレンチに舌鼓。

白壁散策／優雅なレストラン

→デザートはワゴンで出されたもののなかから選べる

→牛フィレ肉のポワレ(手前)と車エビ・甘エビ・メチゴをあしらった玉蜀黍のサラダ仕立て(奥)

→カウンターがあるバースタイルの部屋

→大正レトロな空間をそのままに伝える。アンティークな家具に囲まれながらクラシックの調べのなか優雅なランチタイムを

予約 望ましい
予算 L 3300円〜 D 5800円〜
※税・サービス料10%別

### レトロな邸宅でいただく豪華なフレンチランチ

### Dubonnet
デュボネ

**MAP** 付録P.6A-3

この店の建物は大正13年(1924)に建てられた陶器貿易商の邸宅で、名古屋市の景観重要建造物に指定されている。歴史ある邸宅で食べる創作フレンチのランチは絶品。

☎052-936-1477
所 東区主税町3-6-2 営 11:30〜15:00(LO13:30) 18:00〜22:00(LO20:00) 休 水曜、木曜のランチ 交 地下鉄・高岳駅から徒歩10分 P あり

→宮崎県産黒毛和牛のフィレのロティ フォアグラをのせたロッシーニ トリュフソース

おすすめメニュー
ランチBコース 5500円
ディナー シェフのおすすめコース 9450円 ※税・サービス料10%別

→ラングスティーヌと洋梨のソテーのサラダ仕立て ビーツとピンコットのソース

# 多様な文化が溶け合う門前町

# 覚王山
かくおうざん

日本で唯一、釈迦の御真骨を境内に安置する日泰寺や周囲のレトロな別荘、個性的な参道を巡りたい。

### 月に一度の縁日に注目

毎月21日には、日泰寺参道が歩行者天国となり日用品や野菜、雑貨などさまざまな店が参道に並ぶ。ひときわ賑わいを見せる縁日に合わせて訪ねるのも楽しい。

**覚王山弘法の市**
かくおうざんこうぼうのいち
**MAP** 付録P.14 B-2

☎052-508-8336(愛知県小商業協同組合) ㊙毎月21日8:30～15:00

昔ながらの商店やエスニックなショップ、おしゃれな雑貨店などが並び、多彩な魅力を放つ参道

歩く・観る●覚王山

### 日泰寺周辺に開けた門前町
### 参道には個性豊かなショップが並ぶ

人家もまばらだった地域が発展する契機となったのが日泰寺の創建。これをきっかけに都心部の寺も当地へ移転し、大正期には松坂屋(P.47)の創業者が1万坪以上の広大な森を別荘地に切り開いた。揚輝荘と名付けられた別荘は国際交流の場として活用される。歴史を反映するように、現在の日泰寺参道には国際色豊かなレストランやショップが並び、多くの人で賑わう。

### 観光のポイント

**街を象徴する2大スポットへ**
国内唯一の超宗派寺院として知られる日泰寺と、レトロな別荘、揚輝荘を訪ねてみたい

**門前町でグルメ&ショッピング満喫**
話題のスイーツ店、個性的な雑貨店など多彩な店を巡る

### 交通information

名古屋駅から地下鉄東山線で覚王山駅まで14分

## 揚輝荘
ようきそう
**MAP** 付録P.14 C-2

### 丘陵地に造営された
### (株)松坂屋初代社長の別邸

伊藤次郎左衛門祐民の別邸で現在は伴華楼がある北園と聴松閣がある南園に分かれる。最盛期は約1万坪におよぶ広大な敷地に30を超える建物があった。

☎052-759-4450 ㊙千種区法王町2-5-17 ㊙9:30～16:30 ㊙月曜(祝日の場合は翌平日) ㊙無料(聴松閣が300円) ㊙地下鉄・覚王山駅から徒歩10分 ㊙なし

↑祐民が世界各地を旅した際のイメージを凝縮した聴松閣

↑鶴舞公園の噴水塔を手がけた鈴木禎次が設計した伴華楼

↑四季折々の景色が楽しめる北庭園

ガンダーラ様式の花崗岩の仏像。2階部分に仏舎利を安置

約6500㎡の揚輝荘北園。事前申込制でガイド付きの案内も行っている

約2700㎡の揚輝荘南園。聴松閣はインド風、中国風の部屋などアジアの趣

市内有数の人気スイーツ店。パリで腕を磨いたパティシエの味を楽しみたい

鬼まんじゅうの名店。大人気のため事前の予約が確実。梅花堂
052-751-8025

## 日泰寺
にったいじ
**MAP** 付録P.14 B-1

### 仏教の開祖・釈迦の真骨を祀る国内唯一の超宗派寺院

明治33年(1900)、タイ国王から友好記念に寄贈された釈迦の御真骨とタイの国宝・金銅釈迦如来像を奉安する全仏教徒のための寺院として、明治37年(1904)に建立された。19宗派の管長が3年交替で住職を務めている。
☎052-751-2121
所 千種区法王町1-1
開 5:00〜16:30
休 無休 料 拝観無料
交 地下鉄・覚王山駅から徒歩10分
P あり

→本堂には金銅釈迦如来像が祀られている

→1997年建立、高さ30mの五重塔

→釈迦の御真骨を安置する高さ15mの奉安塔（内部非公開）

### 日泰寺の誘致と寺町づくりに尽力した村長

仏舎利を安置する建設地をめぐっては、名古屋対京都で誘致合戦が起こっていた。村長の加藤慶二は私財と土地を投げうち有志集めに奔走し10万坪の敷地を寄付、これが決め手となり名古屋への誘致が決まる。さらなる寺院の誘致に励み、多くの寺社が集まる寺町が築かれた。

**城山八幡宮**
しろやまはちまんぐう
**MAP** 付録P.14 C-2

織田信秀が築いた末森城址に立地。昭和11年(1936)に当地に移転。

**大龍寺**
だいりゅうじ
**MAP** 付録P.14 C-1

らかんさんの名で親しまれる黄檗宗の寺院。五百羅漢でも知られる。

覚王山

### ショッピング＆休憩スポット

## 覚王山アパート
かくおうざんアパート

築60年以上の2階建て木造アパートを改装した、ショップやギャラリー、カフェなどが集まるクリエイティブな空間。周辺の観光案内マップも配布する。
**MAP** 付録P.14 B-2
☎052-752-8700 所 千種区山門町1-13 営 11:00〜18:00 休 火・水曜(祝日、21日の場合は営業) 交 地下鉄・覚王山駅から徒歩2分

→アーティストやクリエイターが集まる

## sono
ソノ

瀬戸にある「マルミツポテリ」の直営店。「日常を特別な日にする食器」を扱う。色も白からシックな色味まで揃っている。
**MAP** 付録P.14 B-2
☎052-757-5667 所 千種区山門町2-39 営 10:30〜19:00 休 火曜 交 地下鉄・覚王山駅からすぐ P なし

→アンティーク調の小プレート

→食卓を華やかにするシンプルで上品なコンポート

→趣のある多彩な白い食器が並ぶ。見ているだけでも楽しい

## 住宅街に個性派店が集う

# 本山
もとやま

閑静な住宅街の中に、隠れ家のようなカフェや雑貨店がひっそりとたたずむ。人気上昇中の注目のエリア。

歩く・観る●本山

### 落ち着いた街並みを散策しながら魅力的なショップを探訪

静かな住宅街に紛れて、人気の雑貨店やおしゃれなカフェなど名店が点在する、住みたい街として女性たちに話題のエリア。名古屋大学や愛知学院大学などがあり、学生街の側面も持つ。山手グリーンロード沿いに建つ400年の歴史ある桃巌寺には安眠を授けてくれる「ねむり弁天」や「名古屋大仏」など見どころも多い。広大な東山動植物園まで足をのばしてみるのも楽しい。

#### 観光のポイント

**素敵な雑貨店やカフェめぐり**
こだわりの雑貨店や書店、カフェを巡って自分だけのお気に入りの店を探してみたい

**高さ10mの名古屋大仏を見学**
桃巌寺の境内で本山の街を見渡すように鎮座する緑色の名古屋大仏の姿は圧巻

### 交通information
名古屋駅から地下鉄東山線で**本山駅**まで**16分**

### 桃巌寺
とうがんじ
MAP 付録P.15 D-4

#### 緑の大仏と弁天様が鎮座する異色の寺

織田信長の父・信秀の菩提寺。美と技芸を守る弁天様を祀り、ねむり弁天、歓喜仏、巨大な木魚があるなど個性派の寺で知られる。
☎052-781-1427 千種区四谷通2-16
境内自由、ねむり弁天9:00〜17:00
無休 拝観1000円
地下鉄・本山駅から徒歩5分 Pあり

➡桃巌寺のシンボル、名古屋大仏。高さ10m、全身の緑色と金色の目元がかなり印象的

## オーナーのこだわりが光る雑貨店

住宅街にひっそりとたたずむオシャレで個性的なお店に立ち寄って
オーナーの審美眼で選ばれた品々から、お気に入りを探してみたい。

⬆店内には食器、アクセサリー、ぬいぐるみなど多彩な商品が並ぶ

### Robin's Patch
ロビンス パッチ

**MAP** 付録P.14 C-3

**ドイツや東欧の品々**

オーナー夫妻が直接買い付けるドイツ・東欧のヴィンテージ雑貨を扱う店。主にドイツやチェコのものが充実している。

☎052-734-3185
所千種区稲舟通1-15-3
営12:00～18:00
休水・木曜(臨時休業あり)
交地下鉄・本山駅から徒歩5分
Pなし

⬆旧東ドイツ製の重厚なアンティークビアマグ4400円

⬆レアでおしゃれなドイツ製のレトロなポスト1万7600円

⬆旧チェコスロバキア製の古切手
1パック50枚入り660円

### 足をのばして東山公園へ

60万㎡の広大な園内に動物園と植物園、遊園地が揃った総合公園。イケメンで有名なニシゴリラシャバーニや、ここにしかいない希少な動物、色とりどりの植物に出会える。園内にフードコートやカフェ&ショップも。

東山動植物園 ➡ P.84

---

ユニークな名前の通り沿いに隠れ家的なカフェや雑貨店が立ち並ぶ

C SAKURA・CAFE

5000冊もの本が並ぶライブラリーと体にやさしいスイーツを楽しめる

東山動植物園 P.24/P.84

⬆緑豊かな境内。紅葉の季節は特に美しい

⬆1月と5月に御開帳される「ねむり弁天」。拝むとよく眠れるといわれている

⬆直径1mの日本最大級の木魚。片手で触れるだけで過去の罪が消滅するという

本山

# 街に古代のロマンがあふれる
## 熱田(あつた)

名古屋市民に愛される熱田の杜に抱かれた歴史情緒あふれるエリア。緑豊かな街を巡りたい。

### 1900年の歴史を有する豊かなお社の門前町に残る歴史遺産

伊勢神宮に次ぐ尊い神社として、篤い信仰を集める熱田神宮の門前町。その歴史は古代にまで遡り、今も日本武尊伝説の残る古墳群が残されている。江戸時代には東海道41番目の宿場町・宮宿が置かれ、桑名へ渡る交通の要衝としてほかにない賑わいをみせていた。「熱田さん」として親しまれる熱田神宮の参拝とともに、歴史風情を存分に楽しめる。

**観光のポイント**
- **熱田神宮へ参拝** 緑に包まれた荘厳で由緒ある熱田神宮をゆっくり散策
- **古代の遺跡を訪ねる** 白鳥古墳や断夫山古墳を訪ねて古代史に思いを馳せてみたい

**交通information**
名古屋駅からJR東海道本線・普通で熱田駅まで7分/名鉄名古屋駅から名鉄名古屋本線で神宮前駅まで6分/名古屋駅から地下鉄東山線で栄駅まで5分、地下鉄名城線に乗り換えて熱田神宮西駅まで12分

熱田神宮公園から堀川をまたぎ、白鳥公園へ渡る歩行者専用の吊り橋

和紙と世界各国の手漉き紙が約2万点揃った日本随一の紙の専門店

名古屋城築城の際に資材と物資運搬のために熱田湊と結んだ人工の川

### 熱田神宮 →P.78
あつたじんぐう
**MAP** 付録P.17 F-2

**織田信長にも信仰された伊勢に次ぐ由緒ある神社**

古くから篤い信仰を集めてきた神社。樹齢1000年以上の大楠や信長塀、6000点もの宝物など見応え十分。

☎052-671-4151 所熱田区神宮1-1-1 時休境内自由 交名鉄・神宮前駅から徒歩3分/地下鉄・熱田神宮西駅から徒歩7分 Pあり

↑静寂の森に鎮座する神明造の本殿

→境内の中心の西寄りにある憩いの場・くさなぎ広場

### 白鳥庭園
しろとりていえん
**MAP** 付録P.17 D-2

**御嶽山から伊勢湾までの水の流れをテーマにした庭園**

約3.7haの園内を中部地方の地形に見立てた東海地方最大級の規模を誇る日本庭園。茶寮汐入では自然が織りなす庭を眺めながら抹茶や甘味を楽しめる。

☎052-681-8928 所熱田区熱田西町2-5 開9:00~17:00(入園は~16:30) 休月曜(祝日の場合は翌平日) 料300円 交地下鉄・熱田神宮西駅から徒歩10分 Pあり(有料)

↓四季折々の花に彩られる日本庭園

宮宿の茶店の女子衆が歌った歌が各地に広まったという、都々逸発祥の地

ここでしか味わえない、秘伝のタレで食す元祖ひつまぶしの老舗本店

## 七里の渡し跡
しちりのわたしあと
**MAP** 付録P.17 E-3

### 旧東海道で唯一の海上路を偲ぶ

東海道五十三次の最大の宿場町・宮宿と桑名宿を結んだ唯一の海上路。その距離が七里であったことにちなんだ渡しの跡。宮宿側が公園として整備される。

→常夜灯や時の鐘が復元され、往時の面影が偲ばれる

☎なし　㊟熱田区神戸町周辺
料見学自由　交地下鉄・熱田神宮伝馬町駅から徒歩10分
Pなし

→七里(28km)の距離を3〜4時間ほどかけて渡ったという

## 断夫山古墳
だんぷさんこふん
**MAP** 付録P.17 D-1

### 日本武尊伝説の残る東海地方最大級の前方後円墳

6世紀初頭の豪族・尾張氏の墓とされるが、日本武尊の妃の墓という伝説も残る。

☎052-954-6783(愛知県県民文化局文化部文化芸術課文化財室)　㊟熱田区旗屋1-10-45　料休料外観のみ見学自由　交地下鉄・熱田神宮西駅から徒歩9分　Pあり

→緑豊かで周囲には濠がめぐらされている

## 白鳥古墳
しろとりこふん
**MAP** 付録P.17 D-2

### 日本武尊の御陵との伝説が残る前方後円墳

現在では古墳時代にこの地を治めた尾張氏の墓と推定されている。

☎052-972-3268(名古屋市教育委員会文化財保護室)　㊟熱田区白鳥1-2　料休料外観のみ見学自由　交地下鉄・熱田神宮西駅から徒歩6分　Pなし

→天保8年(1837)に馬具や須恵器などの副葬品も見つかったが埋め戻されている

### 東海道一の賑わいをみせた宮宿 みやしゅく

宮宿は桑名に渡る海路と、佐屋街道や美濃街道とつながる交通の要衝で、熱田神宮の参詣客や参勤交代の行列らで賑わった。当時は約250軒の旅籠が並んだという。

→東海道五拾三次 保永堂版『宮』
〈貨幣・浮世絵ミュージアム所蔵〉

### 立ち寄りスポット

## きよめ餅総本家
きよめもちそうほんけ

熱田神宮で清められた参拝客のおみやげとして人気になったきよめ餅を販売する老舗。

**MAP** 付録P.17 F-2
☎052-681-6161
㊟熱田区神宮3-7-21
営8:30〜18:00 土・日曜8:30〜18:00　休無休　交名鉄・神宮前駅から徒歩2分　Pあり

→熱田神宮の東門前に店を構える

→1個150円。上品な甘さが特徴の熱田みやげの定番

## 常緑に包まれた荘厳な社を歩く
# 熱田神宮の神聖な境内へ

2013年に創祀1900年を迎え、およそ6万坪の静謐な空気漂う境内に本宮、別宮など29社が鎮座する聖域を巡る。

### 万人の願いとともに歩んだ歴史

徳川家康による名古屋開府よりもはるかに古い歴史を誇る熱田神宮は、今からおよそ1900年前、この地に三種の神器のひとつである草薙神剣が祀られたことに始まる。伊勢の神宮に次ぐ尊い神社として崇敬を集め、年間約700万人の参拝者が訪れている。境内には熱田神宮を篤く信仰していた織田信長が戦勝のお礼に奉納した土塀や西行法師が休んだとされる二十五丁橋が残るほか、宝物館には貴重な宝物を収蔵・展示している。

### 三種の神器とは

歴代の天皇が皇位継承の証しに代々受け継いできた鏡・剣・勾玉のこと。熱田神宮の御神体である草薙神剣は、日本武尊が用いたとされるもの。鏡は伊勢神宮、勾玉は皇居に祀られている。

### 2 手水舎（てみずしゃ）
**身を清めて本宮へ**

参拝の前に身を清める。最初に左手を清め、次に右手、口をすすぎ、再び左手を清める。

◎心身を清めて神前へ向かう

### ⓘ 当時は神々をお護りするために、塀を造って聖域を区別した

### 1 正門（せいもん）
**聖域への入口**

境内の南端に建つ凛としたたたずまいの大鳥居。くぐる前には、脱帽して一礼をする。

◎本宮へ続く正参道には楠などが生い茂る

### 3 大楠（おおくす）
**境内を見守る巨木**

弘法大師が自ら植えたと伝えられている楠。高さ20m、幹周りは7mの巨木で、樹齢は1000年を超えるという。

◎弘法大師のお手植えと伝えられている

### 4 信長塀（のぶながべい）
**勝運が宿る土塀**

信長が桶狭間で大勝した礼に奉納した土塀。兵庫西宮神社の大練塀、京都三十三間堂の太閤塀と並ぶ日本三大土塀のひとつ。

**注目ポイント**

**尾張造から神明造へ**

三種の神器を祀ることから格の高い神社とされ、明治26年(1893)に、伊勢神宮とほぼ同様の神明造に建て替えられた。

## 5 本宮 ほんぐう

↑現在の本宮は、2009年に熱田神宮創祀1900年の記念事業で造営修繕されたもの

**熱田の杜の聖域**

緑深い熱田の杜の最も奥に位置し、三種の神器のひとつである草薙神剣を祀る。伊勢の神宮と同様の建築様式になっている。

## 6 清水社 しみずしゃ

**願いが叶う清らかな水**

水の神、罔象女神を祀る。社の奥の湧水は願いが叶う水ともいわれる。

↑湧水を肌につけると、美肌効果があるという説も

### 休憩スポット

**宮きしめん 神宮店**
みやきしめん じんぐうてん

神宮の「宮」の字をいただいた、熱田神宮が発祥の名物きしめん。もっちりした食感と歯ごたえが自慢。おみやげや甘味も販売する。

**MAP** 付録P.17 E-2
☎052-682-6340
営9:00～17:00(LO16:30) 休無休

↑カツオだしが香る、一番人気のきしめん800円。みそかつとのセットも

## 7 宝物館 ほうもつかん

**国宝・重要文化財は108点収蔵**

皇室をはじめ、一般の篤志家から寄贈された宝物約6000点を収蔵、月替わりで展示している。

↑宝物館は名刀の宝庫ともいわれる

## 8 剣の宝庫 草薙館 つるぎのほうこ くさなぎかん

**2021年に開館**

国宝・重文に指定された刀剣20口をはじめ、約450口の刀剣を月替わりで展示している。

熱田神宮の神聖な境内へ

### 境内にある主な別宮・摂社・末社

広い境内には、本宮のほか熱田神宮にゆかりの深い神様が別宮1社、摂社8社、末社19社に祀られている。

**八剣宮** はっけんぐう
和銅元年(708)に創祀。武門の信仰が篤く、戦国の三英傑たちも崇拝した社。

**上知我麻神社** かみちかまじんじゃ
「知恵の文殊様」と呼ばれ、合格祈願の受験生で賑わう。初えびすも行われる。

**楠御前社** くすのみまえしゃ
安産の神として篤く信仰される社。社殿はなく、楠の御神木が祀られている。

**菅原社** すがわらしゃ
学問の神様、菅原道真を祀る。願い事が書かれた絵馬がずらりと掛けられている。

## 絞りで栄えた商家・旧家が残る

# 有松
ありまつ

江戸時代からの歴史を持ち、有松絞りで知られる街。旧東海道沿いの古い街並みを訪ね江戸の風情に浸ってみたい。

### 有松絞りで繁栄した商家を巡り奥深い伝統文化にふれる

慶長13年(1608)、藩の奨励で鳴海宿と池鯉鮒(知立)宿の間宿として開かれた。耕地が少なく、茶屋集落としての営みに限界があったため、絞り染めを始めたといわれる。有松絞りは東海道の旅人に好評を博し、街は繁栄を誇った。有松は市の町並み保存地区第1号となり、現在も当時の面影が残る。旧東海道沿いの商家や旧家を散策し、古い建物を利用したお店にも立ち寄りたい。

#### 観光のポイント

**江戸の面影を残す通りを歩く**
旧東海道沿いには有松絞りで財を成した商家・旧家が並び、当時と変わらぬ姿を見学できる

**有松絞りのショップを巡る**
400年の伝統を持つ有松絞り。多彩なデザインから自分好みのものを探すのも楽しい

### 交通information

名鉄名古屋駅から名鉄名古屋本線・準急で有松駅まで17分

### 鳴海宿で知名度を上げた有松絞り

有松絞りは、天下普請で九州から来ていた人が着ていた絞り染めをヒントに作られるようになる。藩の特産品として保護され、隣の宿場町・鳴海で販売すると、旅人に評判となった。

→東海道五拾三次保永堂版『鳴海』(貨幣・浮世絵ミュージアム所蔵)

## 有松山車会館
ありまつだしかいかん
MAP 付録P.18 C-1

### 精巧なからくり人形を載せた豪華な山車を公開する

有松祭りの主役を務めるからくり人形山車を展示。江戸から明治にかけて作られた布袋車、唐子車、神功皇后車が1年おきに入れ替わる。

☎052-621-0111
所 緑区有松2338
開 10:00〜16:00
休 月〜金曜 料 200円
交 名鉄・有松駅から徒歩5分 P あり

→毎年10月に行われる有松祭りに登場する山車を展示

## 有松・鳴海絞会館
ありまつ・なるみしぼりかいかん
MAP 付録P.18 C-1

### 有松絞りの伝統を紹介 絞りの体験教室も開催する

歴史的にも工芸的にも価値の高い製品や資料を展示し、実演も行う。予約すると体験教室に参加でき伝統の技にふれられる。

☎052-621-0111 所 緑区有松3008 開 9:30〜17:00(実演は〜16:30) 休 無休 料 資料室300円、体験実習1800円〜(要予約) 交 名鉄・有松駅から徒歩5分 P あり

→約400年の歴史を持つ有松絞りの貴重な資料を展示

→1階では商品の販売も行っている(P.126)

## 多彩な柄が魅力の有松絞りをおみやげに

手ぬぐいなどの伝統的なものから、モダンなデザインのアイテムまで、豊富な種類のなかからお気に入りを見つけたい。

### 井桁屋
いげたや
**MAP** 付録P.18 C-1

#### 江戸時代から続く絞り問屋

寛政2年(1790)から続く絞り問屋。有松絞りの手ぬぐいから浴衣用の反物まで揃う。
- ☎052-623-1235
- 所 緑区有松2313
- 営 10:00～17:00
- 休 不定休
- 交 名鉄・有松駅から徒歩3分 Pあり

→問屋だから浴衣用の反物の種類が豊富

→有松絞りを使った日傘8800円～は人気商品

→おみやげに人気の有松絞りの手ぬぐい1210円～

### まり木綿
まりもめん
**MAP** 付録P.18 B-1

#### 伝統にモダンテイストを

芸術大学出身の若手オーナーによる店。モダンなデザインの有松絞り商品が人気を集める。
- ☎052-693-9030
- 所 緑区有松1901
- 営 10:00～15:00（土・日曜は～17:00）
- 休 火～木曜
- 交 名鉄・有松駅から徒歩2分 P名鉄協商パーキング有松駅第二利用

→色彩鮮やかな伊勢木綿を素材にした手ぬぐい各1980円～

→カラフルな装飾が斬新な手描きマジック足袋1足6930円～

→ポップな絞り柄が特徴の各種がまぐち(小)2607円～、親子4917円～

---

### 足をのばして

### 桶狭間古戦場公園
おけはざまこせんじょうこうえん

織田信長が10分の1ほどといわれる寡兵で今川義元を討ち破り、勝利を収めた桶狭間の戦いの戦場跡。公園内に合戦当時の地形に模して整備されたジオラマや史跡などがある。

**MAP** 付録P.18 C-4
- 所 緑区桶狭間北3
- 料休 入園自由
- 交 名鉄・有松駅から市バス・有松町口無池行きで7分、幕山下車、徒歩3分 Pなし

→ジオラマ公園で当時を再現

→園内には織田信長(左)と今川義元(右)の碑が立つ

---

町家を改装した商業施設。人気のパン屋をはじめ、個性的なショップが揃う

問屋を改築した店舗で手打ちのうどんが味わえる

まり木綿 P.81
井桁屋 P.81
服部邸
寿限無茶屋
有松山車会館
有松・鳴海絞会館

---

### 歴史ある商家を見る
現在も民家として利用されているので、建物だけを静かに見学したい。

### 服部邸 はっとりてい
寛政2年(1790)創業、有力な問屋の典型的な建築様式。間口を広く設け、中央部に2階建ての主屋を配する。
**MAP** 付録P.18 C-1
所 緑区有松2313

### 竹田邸 たけだてい
有松絞りの開祖・竹田庄九郎の後裔で300年以上の伝統を持つ竹田家の屋敷。主屋と土蔵、茶室、書院からなる。
**MAP** 付録P.18 B-1
所 緑区有松1802

### 岡邸 おかてい
幕末の重厚な問屋の建築。主屋は木造切妻造り2階建てで桟瓦葺き、土庇付の建物。2階にある窓の縦格子が優美。
**MAP** 付録P.18 B-1
所 緑区有松809

### 小塚邸 こづかてい
木造切妻造り2階建ての建物で、外壁、軒裏は塗籠漆喰塗り。隣家との境に防火壁である「うだつ」が設けられている。
**MAP** 付録P.18 B-1
所 緑区有松806

# 日本の五大港に数えられる海の玄関口

# 名古屋港
なごやこう

国際貿易港で名高い巨大流通拠点は、楽しい観光スポットが目白押しのレジャー施設集結エリアだ。

## 歩く・観る ● 名古屋港

### 潮風と歴史を感じる港湾エリアで多彩なエンターテインメントにふれる

4市1村にまたがる名古屋港は、総貨物取扱量日本一を誇り、数多くのふ頭が点在している。なかでも豪華クルーズ船が着岸するガーデンふ頭は、最先端の海洋生物研究で知られる名古屋港水族館など観光スポットが集結。金城ふ頭駅すぐのリニア・鉄道館は実物車両の迫力ある展示など、大人から子どもまで存分に楽しめる鉄道ワールドが広がる。水上バスでの海上散策もおすすめ。

## 名古屋港水族館
なごやこうすいぞくかん
**MAP** 付録P.19 F-1

### 南極へ至る自然環境を紹介
### 日本最大スケールのメインプール

南館は日本〜南極までの各水域にすむ生物に出会える。シャチやベルーガが暮らす北館では、日本最大のプールでのイルカパフォーマンスが圧巻。

☎052-654-7080 ●港区港町1-3 ●9:30〜17:30(季節により変動あり) ●月曜(祝日の場合は翌日) ●2030円 ●地下鉄・名古屋港駅から徒歩5分 Ｐガーデンふ頭駐車場利用(有料)

### クルーズ名古屋

ガーデンふ頭、名古屋港ワイルドフラワーガーデン ブルーボネット、金城ふ頭間を移動する場合は、水上バスを利用したい。ガーデンふ頭から金城ふ頭まで約30分／900円で、土・日曜、祝日のみ運航される。

問い合わせ先
**東山ガーデン** ☎052-659-6777

### 観光のポイント

**見どころ満載のガーデンふ頭**
広大な臨港緑園の周囲にある水族館や商業施設に立ち寄りたい

**港ならではのイベントや景観**
水面にきらめく花火や港を横断する三大橋の眺めを楽しむ

## 交通information

名古屋駅からJR東海道本線・新快速などで金山駅まで3分、地下鉄名港線に乗り換えて名古屋港駅まで13分／名古屋駅から名古屋臨海高速鉄道あおなみ線で金城ふ頭駅まで24分

⊕ 北館ではシャチの公開トレーニングが必見。華麗な種目を次々と披露

⊕ マイワシのトルネードが見られる南館の黒潮大水槽(左)。展示生物は約500種、5万点(右)

## リニア・鉄道館
リニア・てつどうかん
**MAP** 付録P.19 D-4

### 在来線から超電導リニアまで
### 迫力の実物車両が並ぶ

JR東海が運営する鉄道の博物館。展示車両のメインは、数々の東海道新幹線の車両群。100系2階建て食堂車の内部に入ることができると評判。人気の新幹線シミュレータ「N700」は館内で先着順で申込(1回500円)。

☎052-389-6100
所 港区金城ふ頭3-2-2 開 10:00〜17:30(入館は〜17:00) 休 火曜(祝日の場合は翌日) 料 1000円 交 あおなみ線・金城ふ頭駅から徒歩2分 P なし

↑車両の展示を通じて、高速鉄道技術の進歩を紹介

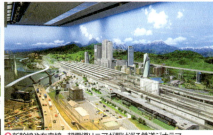
↑新幹線や在来線、超電導リニアが駆け巡る鉄道ジオラマ

↑特製幕之内御膳1500円

↑2003年に当時の世界最高速度581km/hを記録した超電導リニアMLX01-1
※一部車両への立ち入りを制限している場合あり

↑超電導リニアロングバームクーヘン770円

## 名古屋海洋博物館
なごやかいようはくぶつかん
**MAP** 付録P.19 F-1

### 輸出用自動車の実物展示や
### 操船シミュレータに注目

国際貿易港である名古屋港の歴史と役割を広く紹介。隣接する南極観測船ふじでは船内を見学できる。

☎052-652-1111(名古屋港ポートビル)
所 港区港町1-9 開 9:30〜17:00(夏季は夜間営業あり) 休 月曜 料 300円 交 地下鉄・名古屋港駅から徒歩5分 P ガーデンふ頭駐車場利用

↑全長約10mのライブジオラマ名古屋港

## 名古屋港
## ワイルドフラワーガーデン
## ブルーボネット
なごやこう ワイルドフラワーガーデン ブルーボネット
**MAP** 付録P.19 F-2

### ワイルドフラワーを生かした
### 自然風庭園がコンセプト

外国庭園の模倣ではなく、伝統的日本庭園でもない新しいスタイルの自然風庭園。

※2023年12月末〜2025年4月中旬、リニューアル工事のため休園

- 中部地区最大級の規模を誇る高さ85mの大観覧車が人気
- 地上53mの展望室からは伊勢湾や御嶽山までもが一望できる
- レゴ®ブロックの魅力を満喫できるアトラクションが充実している
- 名古屋港を横断する三大橋。幻想的な夜間ライトアップに注目

# 名古屋の見どころ
**街の名所を巡り多彩な魅力にふれる**

# もっと名古屋を知る

動物園や愛知万博跡地に広がる公園、博物館に古刹など、名古屋にはまだまだ多くの見どころがある。名古屋が歩んできた歴史や時代を感じながら、のんびり巡れば新たな魅力に出会うことができる。

## 歩く・観る ● 名古屋の見どころ

### 東山動植物園
ひがしやまどうしょくぶつえん
東山公園 MAP 付録P.15 F-4

**自然な動物の姿に出会う**

広大な敷地内に動物園、植物園などが入る総合公園。それぞれの動物が生息している地に近い環境を再現した新施設が続々と完成している。遊園地も併設しており、家族で一日楽しめる。

☎052-782-2111(東山総合公園) 千種区東山元町3-70 9:00～16:50(入園は～16:30) 月曜(祝日の場合は翌日) 500円、東山スカイタワーとの共通券640円(各アトラクションは別料金) 地下鉄・東山公園駅から徒歩3分 あり(有料)

↑イケメンで有名なニシゴリラのシャバーニ

↑2023年には新トラ・オランウータン舎などが

↑現存する日本最古の公共温室。開園当時は「東洋の水晶宮」と呼ばれ、重要文化財にも指定されている

↑ライトアップされ、あでやかな赤色を浮かび上がらせるモミジ

### 鶴舞公園
つるまこうえん
鶴舞 MAP 付録P.2 C-2

**100年を越す歴史をもつ公園**

名古屋市で最初に設置された公園。園内には桜も菖蒲、バラなどが咲き誇り、花の名所として観光客を楽しませている。レトロな建築物も多く残る。

☎052-733-8340(名古屋市緑化センター) 昭和区鶴舞1 休園 入園自由 各線・鶴舞駅からすぐ あり(有料)

↑明治43年(1910)に建てられたイタリア・ルネサンス風の奏楽堂

↑胡蝶ヶ池では7月中旬～8月中旬にかけて美しい蓮の花が見られる

### バンテリンドーム ナゴヤ
©(株)ナゴヤドーム
大曽根 MAP 付録P.3 D-1

**中日ドラゴンズの本拠地**

1997年開場。プロ野球のほか、コンサートや展示会など各種イベントを開催。飲食店舗では、なごやめしや選手考案メニューが楽しめる。

☎052-719-2121 東区大幸南1-1-1 イベント・施設により異なる 地下鉄・ナゴヤドーム前矢田駅から徒歩5分 あり(有料)

↑自然光が採り入れられる屋根

↑歴代選手たちの貴重な品などを展示するドラゴンズミュージアム

### 名古屋市博物館
なごやしはくぶつかん
瑞穂 MAP 付録P.2 C-2

**尾張の歴史を深く知る**

名古屋を中心とした尾張地方の豊富な歴史資料を保管。リニューアル改修工事のため2026年度まで長期休館中(予定)。詳細はホームページを。

☎052-853-2655 瑞穂区瑞穂通1-27-1 地下鉄・桜山駅から徒歩5分
https://www.museum.city.nagoya.jp/

↑建物の前には日本庭園を配しており、季節の花を観賞できる(月曜を除く8:45～18:00)

写真提供:名古屋市博物館

### 昭和美術館
しょうわびじゅつかん
昭和 MAP 付録P.3 D-2

**茶の歴史と文化を感じる**

創設者の後藤幸三が収集した書や茶道具を中心に保存、展示を行っている。庭園内の愛知県指定文化財南山寿荘の内部は毎年11月3日に公開される。

☎052-832-5851 昭和区汐見町4-1 10:00～16:30(入館は～16:00) 月・火曜(祝日の場合は開館)、展示替え期間(夏季・12月) 1000円 各線・金山駅から市バス・妙見町行きで22分、上山町下車、徒歩5分 あり

↑閑静な住宅街の中にある。館内の庭園には3つの茶室が点在

↑展示室では季節ごとの茶道具や書を鑑賞することができる

# 愛・地球博記念公園（モリコロパーク）

あい・ちきゅうはくきねんこうえん（モリコロパーク）

長久手 MAP 付録P.3F-1

## 大切なメッセージを伝える場所

2005年に開催された愛知万博（愛・地球博）の長久手会場跡地に整備された公園。園内には万博の様子を伝える「愛・地球博記念館」のほか、季節により、さまざまな草花が楽しめる。

☎0561-64-1130 所長久手市茨ケ廻間乙1533-1 開8:00～19:00（11～3月は～18:30、火曜は～17:30）休12月29日～1月1日、園内施設は火曜（祝日の場合は翌平日）料施設により異なる 交リニモ・愛・地球博記念公園駅からすぐ Pあり(有料)

↑愛・地球博記念館では参加国から寄贈された品々などが見られる

↑博覧会の会場で実際に使用されていた品も展示されている

↑広大な敷地内には、ジブリパークをはじめ、アイススケート場やサイクリングコース、日本庭園などさまざまな施設がある

---

# 八事山 興正寺

やごとさん こうしょうじ

八事 MAP 付録P.3D-2

## 尾張高野と称される名刹

貞享5年(1688)創建の古刹。尾張徳川家が繁栄を祈願した寺としても名高い。緑豊かな境内には7つのお堂があり、多くの参拝者を迎えている。

☎052-832-2801 所昭和区八事本町78 開8:00～17:00（普門園拝観10:00～16:00）※要予約 休無休（普門園は不定休）料普門園拝観500円 交地下鉄・八事駅から徒歩3分 Pあり(有料)

↑普門園にある茶室 竹翠亭。伝統建築と季節の室礼を見学できる

↑国の重要文化財指定の五重塔。文化5年(1808)に建立された

---

# 建中寺

けんちゅうじ

白壁周辺 MAP 付録P.7D-4

## 尾張徳川家の菩提寺

第2代尾張藩主・徳川光友が、父・義直の菩提を弔うため慶安4年(1651)に創建。戦火を免れた境内の建物の多くが県や市の文化財指定を受けている。

☎052-935-3845 所東区筒井1-7-57 開境内自由、本堂5:00～17:00、御朱印9:00～12:00 13:00～17:00 休無休 料経蔵300円 交地下鉄・車道駅から徒歩10分 Pあり

↑風格のある入母屋造本瓦葺きの本堂（名古屋市指定文化財）

↑創建当時の姿を残す総檜造りの山門（名古屋市指定文化財）

---

# 若宮八幡社

わかみやはちまんしゃ

栄 MAP 付録P.12C-2

## 名古屋総鎮守として創建

文武天皇の時代に那古野庄今市場（現在の名古屋城内）に創建と伝わる。慶長15年(1610)、徳川家康の名古屋城築城の際に現在の地に遷座した。

☎052-241-0810 所中区栄3-35-30 開休料境内自由 交地下鉄・矢場町駅から徒歩5分 Pあり

↑戦後再建された社殿、仁徳天皇、応神天皇、武内宿禰を祀る

↑5月15～16日の若宮まつりでは山車の福稳寿車を中心に、華やかな行列が練り歩く

---

# 笠寺観音（笠覆寺）

かさでらかんのん（りゅうふくじ）

笠寺 MAP 付録P.2C-3

## 笠をかぶせた観音様を祀る

名古屋城を中心とする尾張の国を守る尾張四観音のひとつ。ある娘が風雨にさらされる観音像に笠をかけ、のちに良縁に恵まれたことが名前の由来。

☎052-821-1367(8:00～16:00) 所南区笠寺町上新町83 開休料境内自由 交名鉄・本笠寺駅から徒歩3分 Pあり(8:00～16:00)

↑娘が観音像にかぶせたとされる笠の断片が残っている

↑本尊の十一面観世音菩薩は、光を放つ木で彫られたといわれる

もっと名古屋を知る

## 歴史 先見の明を持つ先人たちが導いた街の発展を追う
# 城下町の今昔をたどる時間旅行

熱田を中心とした古代の繁栄、戦乱を経て家康が築いた城下町の賑わい、近代以降の産業の発展といつの時代も着実に進歩を遂げた名古屋。古代から現代まで、街が重ねた歴史の要所にふれてみたい。

### 4世紀～ 古墳が物語る古代の勢力図
## 尾張氏の台頭

**弥生時代の終焉とともに地域権力が急伸**
**中央権力と関係を結んだ豪族は巨大古墳を造った**

ヤマト政権支配下の4～5世紀、朝廷との関わりを持つ尾張氏は、交通の要所だった熱田を押さえ、窯業や塩生産を始める。熱田に残る断夫山古墳をはじめとした巨大古墳は、尾張氏など豪族が大きな勢力となっていたことを物語る。大化の改新後、現在の愛知県域には尾張と三河の2国が設定され、律令国家の確立とともに仏教が伝来。古墳の築造に代わり、寺院の建立が進められた。

**断夫山古墳** ➡P.77
だんぷさんこふん
6世紀初頭築造、全長約151mの東海最大の前方後円墳。尾張氏の墓、日本武尊の妃の墓などの説がある。

**白鳥古墳** ➡P.77
しろとりこふん
全長約70mの前方後円墳。6世紀初頭頃の築造といわれ、尾張氏の墓という説が有力。

### 焼物生産の始まり

5世紀後半になると朝鮮半島から耐久性の高い須恵器を作る技術が尾張に伝わる。東山地区などに須恵器生産の拠点が確認されており、猿投山西南麓の丘陵地帯、約20km四方におよぶ古窯跡は猿投窯と名付けられた。猿投窯は10～11世紀頃に最盛期を迎えるが、陶磁器の輸入増加などにより衰退。焼物の生産は周辺に拡散し、常滑や瀬戸でさらなる技術の発展を遂げた。

**常滑** ➡P.146
とこなめ
日本六古窯のひとつ。中世には壺や甕など大型貯蔵容器が作られ、その後急須や土管、タイルなどの一大生産地に。

### 11～17世紀 信長、秀吉、家康の登場
## 覇権を争う戦国時代へ

**混迷の時代のなか現れた三英傑によって**
**戦乱に終止符が打たれることとなる**

平治の乱、承久の乱、応仁の乱と続く戦乱で分裂した尾張の統一を進めたのは織田氏だった。永禄3年(1560)、信長は桶狭間で駿河・遠江を領した今川義元を破る。三河では松平(のちの徳川)氏が勢力を広げ、家康が全域の支配に成功。信長は清須城を、家康は岡崎城を拠点として統治を進めるようになる。本能寺の変で信長が倒れてからは、二男の信雄が尾張を継承したが、政治の実権は家臣であった羽柴(のちの豊臣)秀吉が掌握、大坂城を本拠に全国を統一した。関白となった秀吉は天正18年(1590)、小田原の後北条氏に大群を向かわせる。家康と信雄は先鋒を務め、戦後、秀吉は家康を後北条氏の旧領へ移し、信雄を三河に配置する命令を下す。尾張を離れることを拒んだ信雄は改易され、下野国に流された。慶長5年(1600)の関ヶ原の戦いまで、尾張と三河は織田・徳川の手を離れ、豊臣氏の領国となる。

⬆『尾州桶狭間合戦』歌川豊宣画。義元の戦死で今川軍は戦意を喪失、織田軍勝利に終わる

信長、秀吉、家康。天下人が過ごした名古屋

## 日本の礎を築いた三英傑の歴史舞台を巡る

家康が6歳で人質として織田家に幽閉されたとき、信長は14歳、秀吉は11歳だった。
天下統一を目指した3人が、それぞれに多感な時期を過ごした地に、今も残る足跡を訪ねたい。

〈長興寺所蔵〉写真協力：豊田市郷土資料館

〈名古屋市秀吉清正記念館所蔵〉

〈大阪城天守閣所蔵、伝 狩野探幽筆〉

### うつけと呼ばれたカリスマ
### 織田信長
おだのぶなが

　天文3年（1534）に現在の名古屋城の前身の那古野城に生まれる。「うつけ」と呼ばれた青年時代、萬松寺で父・信秀の葬儀の際に位牌に抹香を投げつけたのは有名な話。桶狭間古戦場公園には今川義元の2万5000の大軍を10分の1ほどの兵で破った古戦場が再現され、戦勝祈願をした熱田神宮には信長が寄進した土塀が残るなど、各地に天下人となる前の信長の足跡が見られる。

### 中村の農民から天下人へ
### 豊臣秀吉
とよとみひでよし

　天文6年（1537）年、今の中村区・中村公園のあたりの農民の子として生まれたといわれるが、これには諸説ある。15歳で家を出るまで名古屋の地で育ち、信長に才能を見いだされた逸材。織田家に仕えた折に、信長の冷えた草履を懐で温めた逸話は有名。出生地とされる中村公園に神社や記念館が集まり、隣接する常泉寺には今も産湯の井戸や御手植のヒイラギが残されている。

### 平和な時代を築いた名将
### 徳川家康
とくがわいえやす

　天文11年（1542）、岡崎城で生まれた家康は、6歳のときに今川の人質となるが、騙されて織田家の人質として熱田に幽閉される。その後萬松寺に移され信長と対面、9歳まで過ごしたといわれている。桶狭間の戦いで信長とともに今川を破ったのちに解放され、信長とは固い同盟を結んだ。天下統一後は名古屋発展の礎を築き、徳川美術館には家康ゆかりの品々が残る。

### 万松寺 ➡P.57
ばんしょうじ
織田家の菩提寺。名古屋城築城の際現在の大須に移された。『敦盛』を舞うからくり人形がある。信長のからくり人形がある。

### 熱田神宮 ➡P.76
あつたじんぐう
永禄3年（1560）桶狭間出陣の際、信長が戦勝を祈願した神社。境内に現存する「信長塀」は日本三大土塀のひとつ。

### 桶狭間古戦場公園 ➡P.81
おけはざまこせんじょうこうえん
合戦当時の地形や砦をジオラマ化した公園。合戦の地は諸説あるが、田楽坪と呼ばれた当地が有力とされる。

### 豊國神社
とよくにじんじゃ
中村 MAP 付録P.2 B-1
明治18年（1885）、豊臣秀吉生誕の地に創建された神社。
☎052-411-0003　所 中村区中村町木下屋敷
営 9:30〜16:30　休 無休　料 無料
交 地下鉄・中村公園駅から徒歩10分　P なし

### 名古屋市秀吉清正記念館
なごやしひでよしきよまさきねんかん
中村 MAP 付録P.2 B-1
豊臣秀吉と加藤清正の資料を展示。
☎052-411-0035　所 中村区中村町茶ノ木25
営 9:30〜17:00　休 月曜（祝日の場合は翌平日）、第4火曜（祝日の場合は開館）　料 無料　交 地下鉄・中村公園駅から徒歩10分　P あり（有料）

### 名古屋城 ➡P.60
なごやじょう
慶長17年（1612）に築城し、元和2年（1616）に初代藩主となった徳川義直が入城した。尾張藩62万石の居城。

### 徳川園 ➡P.66
とくがわえん
尾張藩第2代藩主・光友が造営した隠居所・大曽根屋敷の跡地に造られた、季節の花々が美しい庭園。

### 徳川美術館 ➡P.67
とくがわびじゅつかん
家康をはじめ尾張徳川家の歴代藩主や奥方、姫君らの愛用した遺品のほか、国宝『源氏物語絵巻』を所蔵。

### 17世紀　家康が持てる力を注ぎ込んだ街

# 名古屋の開府と築城

**近世城郭建築の傑作・名古屋城の築城をはじめ碁盤割の街の整備が進められた**

　慶長5年(1600)、関ヶ原の戦いに勝利した家康は、江戸に幕府を創設するとともに、諸大名・旗本を全国に配置。東西統治の要所となる尾張に九男の義直を置き、62万石の大藩・尾張藩を築く。那古野台地に大坂城をしのぐ要塞・名古屋城の築城を決め、可能な限りの人材と技術を投下、土木工事は福島正則や加藤清正ら、豊臣恩顧の20家に命じる。これは築城技術の利用、財力の消耗、城の防衛体制の喧伝を狙ってのことといわれている。築城に利用する木材運搬のため、熱田の海辺から城までを結ぶ堀川の開削には福島正則があたり、築城の名人・加藤清正は天守閣の石垣を受け持った。人夫20万人を動員し、5年の歳月で城は完成する。築城とともに碁盤割の城下町も形成され、清須から寺社などの建造物を移転、武士・町人も移り住むようになる。

### 堀川　◆P.52
ほりかわ
名古屋城築城のために開削され、街の発展を支えた人工の川。

↑築城のための巨石運搬の際には加藤清正が音頭をとり、民衆が総出で綱を引いたといわれている『尾張名所図会』〈名古屋市博物館所蔵〉

### 人、物、街の大移動・清須越
きよすごし

　戦国時代、織田信長・信雄、豊臣秀次らを城主に迎え尾張の中心として栄えた清須だったが、五条川の氾濫などを契機に城の移転が建議され、街ごと移転することとなる。移転に伴う費用を大名に負担させることで、家康は大坂の陣に備えたかったともいわれている。世紀の大移動は慶長15年(1610)に始まり、9万5000人の武士や町人のほか、寺社、橋などの建造物、町名までも約9km離れた名古屋の地へと大移動。大移動を経た街は「思いがけない　名古屋ができて　花の清須は野となろう」と謳われた。

### 防火のために造られた四間道
しけみち

　元禄13年(1700)、街を大火が襲う。円頓寺から出た火は30時間にわたり燃え続け、城下の家々に甚大な被害を与えた。この経験から、防火対策として当時としては驚くほど広い、道幅四間(約7.2m)の四間道が造られる。名古屋城側に並ぶ家は、防火のために土蔵造りにし、民家が広がる西から出火した場合には、ここで火が止まり、城へ向かわないようにした。土蔵造りの建物には、緊急時に備えて食料や生活用品が詰められていたという。

### 四間道　◆P.40
しけみち
戦災を免れ、今も江戸時代の面影を残す。界隈には土蔵や古民家を改装したレストランやショップが軒を連ねる。

---

### 江戸と京都・大坂を行き来する人・物・文化が交錯した地

# 東西が交錯する要所としての名古屋

江戸と京都を結んだ中山道と東海道。どちらの街道も直接名古屋を通ることはなかったが2つの街道を結ぶ美濃路の存在により、多くの旅人が城下町を行き来していた。

## 2大街道を結ぶ中継地として発展

　東濃、岐阜を経て名古屋北部を通過し大垣へと延びる中山道、名古屋の南、熱田から船で桑名へと延びる東海道。どちらも名古屋を通過しなかったが、中山道の高低差や東海道の海路を嫌い、名古屋を通り熱田と大垣を結ぶ美濃路を利用する旅人が多かった。東西の中心に位置する名古屋の地理的な環境は、街道の交差点として数多くの旅人が訪れるようになる江戸時代以降、商工業の発展を支える重要な条件だった。

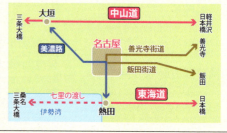

## 平和な時代の到来が可能にした碁盤割の街づくり

### 家康による城下町の建設計画

清須越により人から寺社、橋にいたるまで名古屋へと移した家康。その大胆な街づくりの構想は江戸時代を通して守り抜かれ、明治・大正・昭和を経た現代にも息づいている。

### 過去に例のない大胆なコンセプト

慶長14年(1609)、名古屋遷府を発令した家康はこれまでに例のない「碁盤割」という街の設計を決めた。本来、城は戦いの要塞であるため、城下町は敵の侵入を防ぐために道を曲げ袋小路を設けるなど、当然ながら複雑な設計がなされる。そこを碁盤割にして、街の中心に商人たちを住わせた。家康は名古屋を軍事ではなく、商業中心の街にしようと試みたのだ。直線道路が多くなることで流通がスムーズになり、さらに堀川の開削と相まって、陸路と水路の両方の流通経路を確保できた名古屋は、またたく間に商都へと発展する。泰平の世を見越した家康の綿密な都市設計は、戦災からの復興でも計画の基盤となり、今も脈々と受け継がれている。

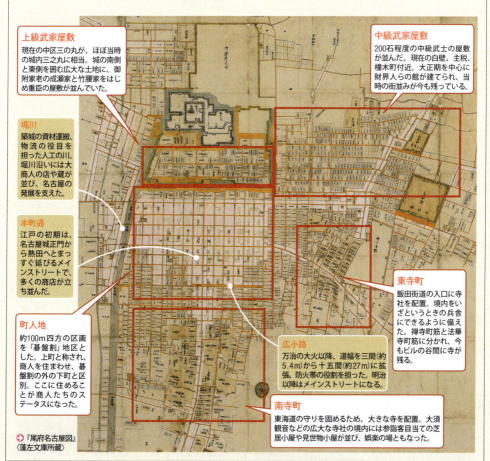

**上級武家屋敷**
現在の中区三の丸が、ほぼ当時の城内三之丸に相当。城の南側と東側を囲む広大な土地に、御附家老の成瀬家と竹腰家をはじめ重臣の屋敷が並んでいた。

**中級武家屋敷**
200石程度の中級武士の屋敷が並んだ、現在の白壁、主税、橦木町付近。大正期を中心に財界人らの館が建てられ、当時の街並みが今も残っている。

**堀川**
築城の資材運搬、物流の役目を担った人工の川。堀川沿いには大商人の店や蔵が並び、名古屋の発展を支えた。

**本町通**
江戸の初期は、名古屋城正門から熱田へとまっすぐ延びるメインストリートで、多くの商店が立ち並んだ。

**東寺町**
飯田街道の入口に寺社を配置。境内をいざというときの兵舎にできるように備えた。禅寺町筋と法華寺町筋に分かれ、今もビルの谷間に寺が残る。

**町人地**
約100m四方の区画を「碁盤割」地区とした。上町と称され、商人を住まわせ、碁盤割の外の下町と区別。ここに住めることが商人たちのステータスになった。

**広小路**
万治の大火以降、道幅を三間(約5.4m)から十五間(約27m)に拡張、防火帯の役割を担った。明治以降はメインストリートになる。

**南寺町**
東海道の守りを固めるため、大きな寺を配置。大須観音などの広大な寺社の境内には参詣客目当ての芝居小屋や見世物小屋が並び、娯楽の場ともなった。

◇『尾府名古屋図』〈蓬左文庫所蔵〉

城下町の今昔をたどる時間旅行

↑7代藩主・宗春の頃の名古屋が描かれた通称『享元絵巻』。左右に延びる本町通りを中心に、活気づく街の様子が伝わる〈名古屋城総合事務所所蔵〉

## 18～19世紀 かぶき者の藩主・宗春(むねはる)の登場
# 城下町の繁栄

**城下を歩き町人とも接した異例の藩主・宗春**
**消費と経済の活性化を図り、街は急速に発展する**

　8代将軍・吉宗(よしむね)が享保の改革を実施し、倹約の風潮が広まるなか、尾張では7代藩主・宗春の登場により、城下町に活気があふれるようになる。宗春は消費を推奨する政策により、財政支出を拡大し規制緩和を進め、芝居、祭りを推奨し遊郭を公認、藩士には芝居見物を許した。街には50軒以上の芝居小屋ができ3カ所の遊郭が開業、芝居や娯楽が全国で規制されていたため、役者や遊女が押し寄せ「名古屋の繁華に興(京)がさめた」といわれるほどの賑わいをみせた。市場も新設され商取引が活発化、名古屋は経済拠点としての地位を確立するが、幕府の意向に反する政策は、吉宗の反感を買う。街の繁栄が風俗の悪化や財政赤字を招き、元文(げんぶん)4年(1739)、宗春は幕府から隠居謹慎を命じられた。尾張藩は緊縮政策へ転換するが、商業活動の躍進は止まらず、新興商人が藩の御用を務めるようになる。富裕な商人は新田開発を進め、名古屋南部が海から陸へ変わった。

新田開発図
名古屋城
17世紀の開発地域
18世紀の開発地域
熱田神宮
19世紀の開発地域
20世紀の開発地域
名古屋港

↑赤い衣装で長さ2間(約3.6m)のキセルをくゆらせたという宗春。庶民からも愛された『享保尾事』〈徳川林政史研究所蔵〉

### 大須 ◎P.56
おおす
宗春が広小路から南寺町一帯の開発を推奨したことで発展。戦前まで名古屋随一の歓楽街として栄えた。

### 江戸時代のガイドブック『尾張名所図会(おわりめいしょずえ)』

名所図会とは江戸時代に流行したガイドブックで、絵と文章を交えて尾張全域の寺社仏閣や名勝を紹介した。解説文には和歌や漢詩が多く引用されている。

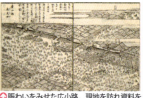
↑賑わいをみせた広小路。現地を訪れ資料をもとに作成され、当時の様子を正確に伝えている『尾張名所図会』〈名古屋市博物館所蔵〉

### 金鯱がたどった数奇な運命

名古屋城の象徴として知られた金鯱も変化する世相の影響を受けるようになる。享保15年(1730)、修理という名目で天守から下ろされ、悪化した財源の確保のため鱗がはがされ、一部が藩の財源にまわされる。以降3度同様のことが繰り返され、22金あった純度が10金に、1.5cmあった厚さが6mmにまで落とされた。明治には、雌雄別々に国内、海外の博覧会を転々とし、8年ぶりに天守に戻るも、3度の盗難に遭う。第二次大戦の空襲により焼失しアメリカ軍が没収、昭和42年(1967)に返還された燃えがらは名古屋市旗の冠頭と茶釜になった。

↑現在の金鯱は昭和34年(1959)の天守再建の際に造られた2代目

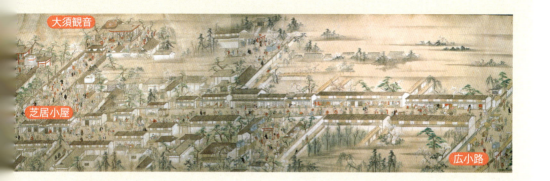

大須観音

芝居小屋

広小路

# 江戸時代の名古屋を伝える、書きとどめられた見世物や名所

## 賑わう城下町を記録した絵師・猿猴庵（えんこうあん）

江戸時代のルポライター猿猴庵は、本名を高力種信（こうりきたねのぶ）といい、馬廻り役を務める尾張藩士だった。常に紙と筆を持ち歩き、城下町の暮らしをいきいきと描いた彼の目線が作品から伝わってくる。

↑葛飾北斎が名古屋の西本願寺掛所において、120畳の巨大なダルマ絵を即興で描いて見物客に拍手喝采を浴びたという『北斎大画即書細図・続梵天綿』〈名古屋市博物館所蔵〉

↑江戸や大坂で大流行した巨大なカゴ細工。獅子や麒麟、三国志の英雄・関羽の像も話題になった『新卑姑射文庫』〈名古屋市博物館所蔵〉

↑オランダから持ち込まれた2頭のラクダが大須観音の見世物に登場。のちにヒョウやアザラシも登場した『絵本駱駝具誌』〈名古屋市博物館所蔵〉

↑文政10年(1827)に大流行した御鍬祭の記録。隣村と仮装行列や巨大な作り物を競い合って楽しんだ『御鍬祭真景図略』〈名古屋市博物館所蔵〉

城下町の今昔をたどる時間旅行

## 19〜20世紀　明治の到来以降、躍進する産業
# 愛知県の成立

### 近代都市として歩み始めた名古屋では紡績業を中心とした産業が飛躍的に発展する

　明治4年(1871)の廃藩置県により、尾張に名古屋県、三河の岡崎に額田県が成立、翌年に名古屋県を愛知県に改称し額田県と合併、名古屋城下は名古屋市となる。明治以降は綿織物、生糸、綿糸、陶磁器などの伝統産業を受け継ぎ、いち早く工業化を進めた。明治20年代には、紡績業を中心とした日本の産業革命が始まり、名古屋でも紡績工場が次々に建てられる。産業発達の基礎となる鉄道も開通し、のちの名古屋駅となる停車場を笹島に設置。明治43年(1910)には開園したばかりの鶴舞公園を会場に、産業見本市である第10回関西府県連合共進会が開催され、約260万人を動員。近代化を遂げる名古屋を広く全国に知らしめた。

## 20世紀〜　戦災後のめざましい復興
# 新しい街づくり

### 激しい空襲により、街は焦土と化したが思いきった復興計画により再生を図った

　第一次世界大戦後には重工業の発達が進み、名古屋は工業都市となる。大陸の戦火の拡大により県内に多くの軍需工場が造られた。第二次世界大戦が本格化すると激しい空襲を受け、市域が焦土となり、昭和20年(1945)には名古屋城も焼失した。戦後の復興では、久屋大通と若宮大通の2本の100m道路、9本の50m道路を中心に交通網を整備。江戸時代からの基盤割の街づくりを基本としながら、中心部を商業地、南部を工業地、周辺を住宅地にあてた市街地の整備が始まり、奇跡の復興を遂げた。

## 名古屋発展の土台を築いた吉田禄在

　明治初期、本州を横断する鉄道路線の整備は中山道を通すことで計画が進んでいた。大動脈から名古屋が外れることを危惧した初代名古屋区長・吉田禄在は、中山道の鉄道開発がいかに困難かを説き、一度は決まった計画を東海道ルートに変更させる。また、名古屋港の建設も訴え、国の補助を受けずに県と市の協力により、明治40年(1907)に開港にこぎつけた。鉄道と湾港、2つの輸送手段を得て産業の発展は加速した。

### 名古屋駅周辺 ➡P.32
将来のリニア中央新幹線の開通に向けて、名古屋駅周辺はさらなる進化を続けている。

### 名古屋港 ➡P.82
日本の主要な国際貿易港に数えられるまでに発展。周囲にはレジャー施設も豊富に揃っている。

## 戦後復興の父・田淵寿郎

　戦後の復興計画で中心的な役割を担った土木工学者の田淵寿郎。来るべき自動車社会、緑化スペース確保、災害時の避難エリアとしての活用などを想定し、2本の100m道路の計画を立てるが、道路開通の課題となったのが街に残る墓地の存在。そこで、墓地を街の東部へ移転するという前例のない大胆な計画を立案。市民の猛反対を受けるが粘り強い交渉の末、実行にこぎつけた。

↑千種区にある平和公園。18万基以上の墓がここに移された

↑大火や空襲のたびに復興を繰り返してきた名古屋。開府から400年、そびえ立つ高層ビルが、街の発展を物語る

製造業をリードする技術力、その原点と発展をたどる

# 世界が注目するものづくりの歴史

からくり人形から自動織機、自動車、陶磁器など、名古屋で発展した産業を支えた技術の数々。
尾張藩の勤勉な気風、立地など好条件が重なり、ものづくりは世界を舞台に花開いていく。

## 置時計がもたらした近代技術の幕開き

朝鮮から贈られ家康が珍重した時計「自鳴鐘」。すべてはこの置時計が壊れたことから始まった。修理を行った津田助左衛門は仕組みまで把握。複製を家康に献上し、代々尾張藩の時計師となる。その機械技術が「からくり人形」を生む基盤となった。

こうした技術は、商都名古屋に集まる職人らによって磨かれ、明治には国産初の腕時計やボンボン時計が誕生。そして工作機械、紡織業を生み出す近代機械技術へと引き継がれていく。

↑津田助左衛門の櫓時計。時刻がくると鐘を打つ（刈谷市提供）

## 世界ブランドに成長する企業の誕生

時計の精密機械技術の定着は、盛んだった木材加工の技術と相まって、明治以降は自動織機から、航空機、鉄道車輌、自動車へと発展する重工業の基盤となった。

大正13年（1924）に発明王の豊田佐吉が自動織機を開発。完全なる「自動化」は、息子の喜一郎の自動車産業への参入を促し、世界的企業「トヨタ」の誕生へと導いた。

一方、地場産業であった陶磁器を世界に送り出した森村組も「ノリタケ」を生み出す。貿易商社であった森村組は明治に入り、現ノリタケの前身となる「日本陶器合名会社」を創立。苦心の末に白色硬質磁器の生産に成功し、日本初のディナーセットが誕生、やがては日本の輸出産業をも支えた。

↑発明王でトヨタグループの創始者・豊田佐吉（左）と息子でトヨタ自動車創業者の喜一郎（右）

↑明治9年（1876）、森村組の販売拠点としてニューヨークに開店した輸入雑貨店「モリムラブラザーズ」

## 名古屋が誇る2大企業の博物館へ

世界企業にまで発展した「トヨタ」と「ノリタケ」
技術の細部と成功への道のりにふれてみたい

### トヨタ産業技術記念館 ➡P.38
とよたさんぎょうぎじゅつきねんかん

「繊維機械館」と「自動車館」には本物の機械を展示して技術と産業の変遷を解説。図書室やレストランもある。

### ノリタケの森 ➡P.39
ノリタケのもり

陶磁器の製造工程や、初期の「オールドノリタケ」が見られるミュージアムのほかレストランではノリタケ食器で食事が楽しめる。

## 今に受け継がれる伝統の技

今も名古屋に息づく数々の伝統技術。脈々と伝承されてきた見事な手仕事は、ものづくり名古屋の精神を現在まで支えてきた。

### 有松絞り ➡P.126
ありまつしぼり

尾張藩の特産品として保護され伝承されてきた。約100種類の技法がある。

### 尾張七宝 ➡P.126
おわりしっぽう

江戸時代に、オランダから伝わった1枚の皿をもとに改良され生まれた七宝焼。

### 名古屋扇子 ➡P.127
なごやせんす

江戸時代に京都から伝わった技法が定着。京扇子に比べて親しみやすいのが特徴。

### 名古屋黒紋付染 ➡P.127
なごやくろもんつきぞめ

藩の旗や幟の技術から生み出された、艶と発色の良い黒が特徴とされる。

### つげ櫛 ➡P.127
つげぐし

髪を傷めず、抗菌作用があり、使うほどに、手にも髪にもなじむスグレもの。

城下町の今昔をたどる時間旅行

### 愛知県庁本庁舎
あいちけんちょうほんちょうしゃ

昭和13年（1938）竣工。国威発揚の風潮が強い戦時下、頂部に城郭風の屋根をのせた帝冠様式という伝統建築を反映させた設計が特徴的。

名古屋城周辺
**MAP** 付録P.5 D-4
所 中区三の丸3-1-2
交 地下鉄・名古屋城駅から徒歩1分

◎陶磁器の産地であることから花崗岩や黄褐色のタイルが外壁に用いられた

## 街に残る大正、昭和の近代建築
## 歴史と技術に思いを馳せる

# レトロ建築探訪

歩く・観る●歴史

日本近代化の歴史を今に伝える壮麗な建造物が多く残る名古屋市中心部。名古屋城周辺は「文化のみち」とも呼ばれ、建築遺産の保存・活用が目立つ。

### 旧加藤商会ビル
きゅうかとうしょうかいビル

貿易商の社屋として昭和6年（1931）頃に建造。外壁のレンガ調タイルやレリーフ模様などが近代建築の特徴を残している。

伏見
**MAP** 付録P.9 F-4
所 中区錦1-15-17
交 地下鉄・伏見駅から徒歩5分
▶現在はギャラリーやサイアムガーデン（P.53）が入る

◎シャム国（現タイ王国）の領事館が置かれた時期も

◎頂部に四方睨みの鯱を配する。愛知県庁本庁舎の建造に影響を与えた

### 名古屋市役所本庁舎
なごやしやくしょほんちょうしゃ

愛知県庁本庁舎と同様、昭和天皇の即位御大典の記念事業として昭和8年（1933）に竣工。近代建築の頂部に名古屋城を意識した屋根を造形。

名古屋城周辺
**MAP** 付録P.5 D-4
所 中区三の丸3-1
交 地下鉄・名古屋城駅から徒歩1分

## 松重閘門
まつしげこうもん

かつて「東洋一の大運河」と呼ばれた中川運河と水位の異なる堀川を結ぶ閘門として昭和7年(1932)に供用。「水上の貴婦人」と称され、夜間はライトアップされる。

**山王** MAP 付録P.2 C-2
所 中川区山王1
交 名鉄・山王駅から徒歩3分

↑装飾性の高い頭頂部は中世ヨーロッパの城郭を思わせる

↑大正時代の2代目の橋の意匠を受け継ぐ

## 納屋橋
なやばし

江戸時代の堀川掘削で造られた堀川七橋(P.52)のひとつ。大正2年(1913)に改築され、中央部にテラスを持つ青銅鋳鉄の欄干が特徴のアーチ橋。

**伏見** MAP 付録P.9 F-4
所 中区錦1
交 地下鉄・伏見駅から徒歩6分

## 旧三井銀行名古屋支店
きゅうみついぎんこうなごやしてん

昭和10年(1935)竣工。中央にある6本の円柱はイオニア式と呼ばれる建築様式で、古代ギリシャの優美で豪壮な趣を醸し出す。

**伏見** MAP 付録P.10 B-4
所 中区錦2-18-24
交 地下鉄・伏見駅から徒歩1分
▶現在は三井住友銀行名古屋支店

↑現役の銀行店舗として今も使用されている

## 旧名古屋控訴院
## 地方裁判所区裁判所庁舎
きゅうなごやこうそいんちほうさいばんしょくさいばんしょちょうしゃ

戦前に建設された8カ所の控訴院庁舎のうち、現存する最古の庁舎で、大正11年(1922)に創建。レンガ壁と白い花崗岩の対比が美しいネオ・バロック様式が基調。

**白壁** MAP 付録P.5 E-4
所 東区白壁1-3
交 地下鉄・名古屋城駅から徒歩8分
▶現在は名古屋市市政資料館(P.68)

↑正面玄関入ってすぐの中央階段室が見どころ

レトロ建築探訪

## 名古屋 歴史年表

| 西暦 | 元号 | 事項 |
|---|---|---|
| 2世紀 | | 日本武尊が能褒野で薨去。熱田に草薙神剣を祀り**熱田神宮 ⇒ P.76**の創建につながる |
| 5世紀 | | 朝鮮半島から須恵器が伝来。猿投山の西南麓に古窯跡群が形成 |
| 6世紀 | | **断夫山古墳 ⇒ P.77、白鳥古墳 ⇒ P.77**築造 |
| 701 | 大宝 元 | 大宝律令施行。尾張・三河に国郡制施行 |
| 741 | 天平 13 | 国分寺建立の詔 |
| 884 | 元慶 8 | 尾張国分寺が焼失 |
| 988 | 永延 2 | 郡司・百姓らが尾張国司・藤原元命の悪政を訴える |
| 1004 | 寛弘 元 | 尾張守大江匡衡が熱田神宮に大般若経を奉納する |
| 1159 | 平治 元 | 平治の乱に勝利した平清盛の弟・頼盛が尾張守に就任 |
| 1221 | 承久 3 | 承久の乱。木曽川を挟んで京方と鎌倉方が合戦。尾張・三河の勢力は京方につくが鎌倉方が勝利 |
| 1467 | 応仁 元 | 応仁の乱 |
| 1555 | 弘治 元 | 織田信長が清須城に入る |
| 1560 | 永禄 3 | 桶狭間の戦い（**桶狭間古戦場公園 ⇒ P.81**）で信長が今川義元を倒す。信長、熱田神宮に土塀を奉納 |
| 1575 | 天正 3 | 長篠の戦いで織田・徳川軍が武田勝頼軍に勝利する |
| 1582 | 10 | 本能寺の変で信長が明智光秀に襲撃され寺に火を放ち自害 |
| 1584 | 12 | 小牧・長久手の戦いで秀吉と家康・織田信雄が戦い、和睦する |
| 1590 | 18 | 豊臣秀吉が織田信雄に転封の命令を出すが信雄は拒否し追放される |
| 1600 | 慶長 5 | 関ヶ原の戦いで徳川家康が勝利。尾張、三河に一族の譜代大名を配置する |
| 1603 | 8 | 家康が征夷大将軍就任。江戸開府 |
| 1607 | 12 | 家康の第九子、徳川義直が尾張藩主となる |
| 1608 | 13 | 尾張藩により**有松 ⇒ P.80**が築かれる |
| 1609 | 14 | 家康が名古屋遷府を発令 |
| 1610 | 15 | **名古屋城 ⇒ P.60**築城に着手。清須から名古屋への移動（**清須越 ⇒ P.88**）が始まる |
| 1616 | 元和 2 | 名古屋城に義直が居住する |
| 1684 | 貞享 元 | 名古屋城下町の人口が5万4118人、家数5986軒となる |
| 1730 | 享保 15 | 尾張藩の7代藩主に徳川宗春が就任 |

| 西暦 | 元号 | 事項 |
|---|---|---|
| 1731 | 16 | 徳川宗春が『温知政要』を著す。宗春、遊郭設置を許可 |
| 1739 | 元文 4 | 宗春、将軍徳川吉宗に隠居謹慎を命じられる |
| 1844 | 天保 15 | 『尾張名所図会』刊行 |
| 1858 | 安政 5 | 日米修好通商条約調印。尾張17代藩主・徳川慶勝がこれを不可とし、井伊直弼らに謹慎を命じられる |
| 1864 | 元治 元 | 慶勝が征長総督に就任 |
| 1867 | 慶応 3 | 大政奉還、王政復古の大号令 |
| 1869 | 明治 2 | 尾張藩を名古屋藩と改称 |
| 1871 | 4 | 尾張に2県、三河に10県を設置 |
| 1872 | 5 | 名古屋県を愛知県と改称、額田県が統合され愛知県が成立 |
| 1873 | 6 | 名古屋城の金鯱(雌)がウィーンの万国大博覧会に出展 |
| 1889 | 22 | 東海道線(新橋～神戸間)が開通 |
| 1890 | 23 | 豊田佐吉が人力織機を発明。大正13年(1924)には自動織機を開発 |
| 1893 | 26 | 熱田神宮の本宮を神明造に改修 |
| 1898 | 31 | 名古屋電鉄(笹島～県庁前間)開通 |
| 1904 | 37 | 日露戦争勃発。東京砲兵工廠熱田兵器製造所が開業。**日泰寺 ⇒ P.73**建立。ノリタケの前身となる日本陶器合名会社創立 |
| 1907 | 40 | **名古屋港 ⇒ P.82**開港 |
| 1909 | 42 | **鶴舞公園 ⇒ P.84**開園 |
| 1914 | 大正 3 | 第一次世界大戦勃発 |
| 1927 | 昭和 2 | 名古屋電鉄(神宮前～豊橋間)全通 |
| 1933 | 8 | 豊田喜一郎が自動車事業を開始 |
| 1934 | 9 | 名古屋市の人口100万人突破 |
| 1935 | 10 | **徳川美術館 ⇒ P.67**開館 |
| 1941 | 16 | 第二次世界大戦勃発 |
| 1945 | 20 | 空襲で名古屋城が炎上 |
| 1954 | 29 | **名古屋テレビ塔**(現:中部電力MIRAITOWER) **⇒ P.49**完成 |
| 1957 | 32 | 名古屋地下鉄(名古屋～栄間)開通 |
| 1959 | 34 | 伊勢湾台風襲来。名古屋城天守閣再建 |
| 1965 | 40 | **博物館 明治村 ⇒ P.145**開園 |
| 1969 | 44 | 名古屋市の人口200万人突破 |
| 1994 | 平成 6 | **トヨタ産業技術記念館 ⇒ P.38**開館 |
| 2001 | 13 | **ノリタケの森 ⇒ P.39**オープン |
| 2005 | 17 | **中部国際空港セントレア ⇒ P.150**開業。愛・地球博(**愛・地球博記念公園 ⇒ P.85**)開催 |
| 2010 | 22 | あいちトリエンナーレ2010開催 |

GOURMET Nagoya

# 食べる

❖

大都市でしのぎを削る
料理人の技が光る。
食卓を華麗に彩る洗練を極めた一皿。
土地の風土と人々の営みに培われた
独自の食文化もある。
地元で愛されてやまない味わいを
五感で楽しみたい。

歴史と文化が育んだ多彩な料理の奥深い世界へ

一流シェフの感性が光るフレンチを五感で味わう

# テーブルを彩る美食の劇場

選りすぐりの食材と腕を磨き続ける料理人の思いが生む華やかなメニューの数々。
食事を楽しむための趣向を凝らしたインテリアやサービス、大人の美食旅にふさわしい名店へご案内。

愛知県の特産でもあるウナギを使った「鰻の白焼き 秋ナス 牛蒡 肝」。(イメージ)
料理はランチ、ディナーともにコースのみ

余韻を残し記憶に残る味を創出
訪れた日が記念日になる

## Reminiscence
レミニセンス

千種 MAP 付録P.2 C-1

2015年に開業以来、国内フレンチの屈指の名店として名を馳せ、2023年に現在地に移転。コンセプトは「余韻と記憶」。オーナーシェフは、この店で過ごした時間が人生の思い出になってほしいとの思いを空間と料理に込めている。

☎052-228-8337
所 東区筒井3-18-3 営 ランチ12:00(LO)、ディナー18:00〜18:30(LO) 休 不定休 交 地下鉄・車道駅から徒歩4分/千種駅から徒歩7分 P なし

↑白を基調にした店内は透明感にあふれる

予約 要
予算 L 1万6000円〜
    D 1万9800円〜

### おすすめメニュー
おまかせコース(ランチ)
1万6000円〜
おまかせコース(ディナー)
1万9800円〜

↑「蝦夷シカ 秋」。器はすべて特注の有田焼などが使われている(イメージ)

↑デザートの「桃 メレンゲ ルイボスティー」。透明感ある一品(イメージ)

※Reminiscenceの料理写真は移転前のものです。最新情報・詳細は https://reminiscence0723.com

空間、カトラリー、料理
店内のすべてに贅沢が宿る

# Shinji Koga
シンジコガ
伏見 MAP 付録P.10 C-4

フランスの名店やパティスリーで修業したオーナーシェフが仕上げるフレンチは驚きがある独創性が魅力。スワロフスキーのシャンデリアが輝く空間で、フランスのシルバーウエアを使って贅沢にいただきたい。

☎ 052-265-7705
所 中区栄2-4-18　営 12:00～15:00(LO13:30) 18:30～23:00(LO20:30)　休 月曜
交 地下鉄・伏見駅から徒歩5分　P なし

**おすすめメニュー**
ランチコース 6655円～
ディナーコース 1万3310円～

予約 要
予算 (L)6655円～
　　 (D)1万3310円～

テーブルを彩る美食の劇場

↑北海道産 ウニのラザニアとベシャメールのエスプーマ

↑オマール海老のポワレとジロール茸 ヴィシソワーズのグラス。古賀シェフ独特の感性で仕上げられた逸品

↑エリザベス女王の肖像画も手がけたTYLEK氏の絵画にも注目

↑岡谷鋼機ビルの1階北東にある、隠れ家のような入口

⬆街の眺望を楽しみながら優雅なひとときを

**トスカーナ地方の伝統料理に
アレンジを加えた美食**

## ENOTECA PINCHIORRI
エノテカ ピンキオーリ
名古屋駅周辺 MAP 付録P.9 D-3

伝統とシェフの創作が融合し、素材の旨みを大切にした見た目も鮮やかな料理が満喫できる。旬の季節にしか味わえない素材を日本とヨーロッパから厳選して提供。至福の味を絶景とともに楽しみたい。

☎052-527-8831
所 中村区名駅4-7-1 ミッドランドスクエア42F
営 11:00～15:00(LO13:30) 17:30～22:00(LO20:30)
休 無休 交 各線・名古屋駅から徒歩4分
P ミッドランドスクエア駐車場利用

おすすめメニュー
ランチコース 6050円
ディナーコース 1万9360円

予約 要
予算 (L)6050円～
(D)1万9360円～

⬆三重の夏鹿ロース肉のソテーとも
も肉のポルペッティーナカボチャとほ
おずきの甘みを添えて9500円

⬆ポレンタを詰め
たアニョロッティ 毛
ガニとオリーブのタ
イム風味(左)。チョ
コレートのムース、
タイムのジェラー
ト、ヘーゼルナッ
ツのクロッカンテ
2170円(右)

食べる

## 王道と斬新が融合する最高峰のイタリアンを堪能
# 記念日に特別なリストランテ

イタリア料理といっても、地方によって特徴は多岐にわたり、ひとつひとつの料理にその文化を映す。
本場さながらの雰囲気と、鮮やかに進化を遂げる料理が味わえる名店が温かく出迎えてくれる。

**五感に訴える美しく
洗練されたイタリアン**

予約 要
予算 (L)6000円～
(D)1万円～

## アロマフレスカ 名古屋
アロマフレスカ なごや
栄 MAP 付録P.13 D-1

静かな空間で香りを生かした料理を堪能できる。厳選した食材を使い、ていねいに作られた彩り豊かな一皿は記念日など特別な日にも最適。ゲストのさまざまな要望にも応えてくれるうれしい心遣いも。

☎052-264-3688
所 中区栄3-16-1 松坂屋本館10F 営 11:00～
15:00(LO14:00) 17:00～21:00(LO19:45)
休 松坂屋に準ずる 交 地下鉄・矢場町駅直結
P 松坂屋 名古屋店の契約駐車場利用

⬆昼はテレビ塔、
夜は街の夜景とと
もに食事ができる

⬆鮮魚のクルード 新芽のミスティ
カンツァ

⬆赤座エビと「タリアテッレ」 海
老と蟹の濃厚なビスクソース

⬆モッツァレラをのせた仔牛ロースの
ピッツァイオーラ フルーツトマトの
ソテーとフルーツトマトのソース

おすすめメニュー
シェフおすすめコース
1万3000円
ランチコース 6500円

確かな食材から生み出される
極上の皿の数々を味わう

# Casa dell'amante
カーザ デッラマンテ
栄 MAP 付録P.12 B-1

2019年に白川公園前の静かなロケーションに移転オープンした隠れ家的イタリアンレストラン。シェフ自ら厳選した素材を使った極上の料理をソムリエが選んだワインとともに堪能したい。

☎052-218-2508
所 中区栄2-12-22ウインコート白川1F ⏰11:30〜12:30(LO) 18:00〜20:30(LO) 休日曜・不定休
交 地下鉄・伏見駅から徒歩5分 Pなし

予約 要
予算 L 6600円〜
　　 D 1万6500円〜

おすすめメニュー
Pranzo(ランチコース)C 6600円／Cena(ディナーコース)C 1万6500円

↑じっくり香ばしく仕上げた国産黒毛和牛のロースト

↑前菜の魚介のタルタル

↑手長エビのスパゲッティ。鮮魚はシェフが毎日市場で直接仕入れている

↑2つの個室(4名対応)を完備(要個室料金)

↑シックで落ち着いた雰囲気の店内でゆっくりと食事ができる

※コース料理はシェフのおまかせのため、写真と異なる場合があります

記念日に特別なリストランテ

---

シチリアで学んだ本場の味を
シェフの感性でアレンジ

# cucina siciliana siculamente
クチーナ シチリアーナ シクラメンテ
大須周辺 MAP 付録P.13 E-3

現地で修業を積んだオーナーシェフ兼ソムリエによるシチリア料理店。斬新で驚きに満ちているが、素材の旨みをしっかり引き出した味わいに定評がある。家庭的な温かい雰囲気でリピーターも多い。

☎052-252-5090
所 中区千代田2-3-6 ⏰11:30〜15:00(LO12:45) 18:00〜23:00(LO19:30) 休水曜、月1回連休あり
交 地下鉄・上前津駅から徒歩9分 Pなし

↑右は前菜の一例で、伊勢マグロに甘酸っぱいアグロドルチェソースをのせ、オレガノとウイキョウのソースで。左はカンノーリにサボテンのジェラートとモディカチョコを合わせたデザート

予約 要(ネット予約)
予算 L 5500円〜
　　 D 8800円〜
※ディナーのみ席料550円別

おすすめメニュー
ランチコース 5500円〜
ディナーコース 8800円〜

↑店先に掲げられたシチリア自治州の州旗とイタリアの国旗が目印

↑シチリア島の小物や書籍がたくさん飾られている店内。来店を契機にシチリア島へ出かけた常連客もいる

↑昭和天皇、香淳皇后の宿泊所として茶室・数寄屋建築の巨匠・堀口捨己（ほりぐちすてみ）博士により設計された御幸の間。秋には紅葉に包まれる

食べる

## 格式高い料亭の懐石料理
# 四季を映す華やかな味と器

街の歴史とも深い関わりを持つ名古屋屈指の3軒の料亭。
繊細で上品な料理と温かなおもてなしに洗練の極みを知る。

↑「ある秋の椀盛（帆立萩真蒸/松茸/いんげん/松葉柚子）」

### 北大路魯山人ゆかりの店
### 広大な庭園に心を癒やす

## 八勝館
はっしょうかん

八事 MAP 付録P.3 D-2

大正時代に材木商の別荘を改装し、料理旅館を営んだのが八勝館の始まり。北大路魯山人ゆかりの料亭としても知られ、国の重要文化財に登録されている。約4000坪もある庭園は、どの部屋からでも眺めることができる。

おすすめメニュー
昼懐石 3万円～
夜懐石 3万5000円～

↑大小12の部屋はすべて庭に面しており、四季折々の表情を楽しむことができる

☎052-831-1585
所 昭和区広路町石坂29
営 12:00～15:00　18:00～21:00
休 水曜　交 地下鉄・八事駅から徒歩3分
P あり

予約 要
予算 L 2万5000円～
　　 D 3万円～

↑「ある秋の焼物（焙烙焼/甘鯛/車海老/松茸/百合根/銀杏）」

**高級住宅街「白壁」に立地**
**長年定評ある懐石を満喫**

## か茂免
かもめ

白壁 **MAP** 付録P.6A-3

古くは尾張藩の中級武士の屋敷が並び、現在でも高級住宅が並ぶ白壁町。その地に約1000坪もの敷地を有する昭和3年(1928)創業の格式高い料亭。訪れた文人墨客から「味のか茂免」と慕われ料理には定評あり。

☎052-931-8506
住 東区白壁4-85 営 11:30〜15:00 17:30〜22:00 休 不定休 交 地下鉄・名古屋城駅から徒歩15分 P あり

↑春は若鮎、夏は鱧、秋は松茸など旬の食材にこだわる

**おすすめメニュー**
白壁会席(平日昼限定)
1万6500円
すっぽん会席 2万9095円

↑個室「春日野」。大きな2面ガラス窓からは日本庭園が一望できる

↑重厚な趣がある玄関を通り、案内され待合室へ。お茶とお菓子でゆったり一服

↑焼鮎魚女と口子(くちこ)を利尻昆布とカツオ節のだしと一緒に (椀物一例)

予約 要
予算
ⓁⓁ 1万6500円〜
Ⓓ 2万9095円〜

四季を映す華やかな味と器

↑市街地にあることを忘れてしまうほどの閑静な空間。大小10部屋があり2〜80名まで対応可。すべての部屋から自然美豊かな庭園が望める

## 口中に広がる中国、台湾の伝統
# 点心、宮廷料理
## すべて本格派

脈々と受け継がれる食文化を伝える3軒をご紹介。
華やかな一流の料理とおもてなしを堪能したい。

↑大小合わせて10室の個室あり(左)。北京ダックやフカヒレ煮込みなど王道のメニューも揃う(右)

本格的な中国料理を
じっくり堪能できる

### 中国料理「梨杏」
ちゅうごくりょうり「りんか」

**名古屋駅周辺** MAP 付録P.8 C-3

名古屋駅直結の名古屋マリオットアソシアホテル(P.136)の18階にある中国料理店。素材の味を最大限に生かすために手間ひまを惜しまず、一品一品真心を込めてていねいに仕上げる。美しい眺望も魅力。

予約 可
予算 L6000円～
　　 D1万6000円～

☎052-584-1103
所 中村区名駅1-1-4 名古屋マリオットアソシアホテル18F
営 11:30～15:00(LO14:00) 17:30(土・日曜、祝日17:00)～22:00(LO20:30)
休 無休
交 各線・名古屋駅からすぐ
P タワーズ一般駐車場利用

↑みずみずしく洗練された透明感と華やかさのある店内

**おすすめメニュー**
ランチコース 5000円～
ディナーコース 1万3000円～ ※内容、金額は時期により変動あり

↑広東料理をベースに、上海をはじめ中国各地の名菜、季節の食材を使用したコースが用意される(写真は飲茶ランチ一例)

## 絶品小籠包に舌鼓
## 点心がおいしい台湾料理店

# 鼎泰豐 名古屋店
ディンタイフォン なごやてん

**名古屋駅周辺** MAP 付録P.8 C-3

台北に本店を持つ点心料理の専門店。看板メニューである薄皮の小籠包は、たっぷりのスープと肉汁がジュワッと飛び出し、一度食べたらクセになる味。中の具材もカニ、ホタテ、トリュフなどさまざま。

📞052-533-6030
所 中村区名駅1-1-4 JRセントラルタワーズ12F 営11:00〜23:00(LO22:00) 休無休 各線・名古屋駅直結
P タワーズ一般駐車場利用

予約 可※17:00〜20:00
予算 L1600円〜 D2000円〜

↑鼎泰豐の原点である小籠包。アツアツのあふれるスープがたまらない一品。美味しさの追求のため作り置きは一切しない

↑上品であっさりとしたやさしい味のえび入りチャーハン1280円

↑本店はニューヨーク・タイムズ紙の世界の10大レストランにも選ばれた

↑野菜と豚肉入り蒸し餃子など、自慢の点心は幅広い層に人気(左)。すっきりと落ち着いたデザインの店内は全122席(右)

**おすすめメニュー**
小籠包各種(4個) 680円〜
野菜と豚肉入り蒸し餃子(4個) 860円

すべて本格派 点心、宮廷料理

## 中国料理の頂点といわれる
## 「北京宮廷料理」の名店

# 涵梅舫
かんめいほう

**名古屋駅周辺** MAP 付録P.9 D-4

中国で最高峰の調理資格を有する料理人が仕上げた上品で繊細な宮廷料理が旅行の思い出に華を添える。コース料理のほか、前菜や点心などのアラカルトメニューも充実している。

📞052-582-2235
所 中村区名駅1-2-4 名鉄グランドホテル18F
営 11:30〜14:00 17:00〜21:30(LO21:00)
休無休 各線・名古屋駅から徒歩5分
P 名鉄スカイパーキング利用

**おすすめメニュー**
菊細工豆腐とフカヒレ入り澄ましスープ(1人前) 2200円
宮廷風フカヒレ姿煮込み(50g) 3850円

予約 望ましい
予算 L1900円〜 D4400円〜

↑菊細工豆腐とフカヒレ入り澄ましスープ(左)。宮廷風フカヒレ姿煮込み(右)はコラーゲンたっぷり

↑個室の牡丹・梅の間(8〜40人の場合利用可、要予約)からは、名駅界隈の夜景を眺められる

↑名鉄グランドホテルで最高峰の中国料理が味わえる

### NAGOYA-MESHI
## なごやめし

**ひつまぶし 4600円**
炭火で焼かれたウナギと旨みを凝縮した秘伝のタレが絡む。締めの一杯はカツオだしのお茶漬けで

↑肝のほのかな苦みとタレの旨みが絶妙な「肝焼」650円

↑刻んだウナギの入ったふわふわの食感の「うまき」1050円

↑趣のあるテーブル席以外に美しい料亭のような和室もある

### 創業以来注ぎ足す秘伝のタレ
### 名古屋ひつまぶしの代表格

## あつた蓬莱軒 本店
あつたほうらいけん ほんてん

熱田 **MAP** 付録P.17 E-3

ひつまぶしの登録商標を持ち、全国にその名を轟かす名店。熟練の職人が炭火で最高の食感になるよう香ばしく焼き上げ、秘伝のタレで仕上げる。その味を求める遠方からの来客も多い。

☎052-671-8686
所 熱田区神戸町503  営 11:30〜14:00(LO) 16:30〜20:30(LO)  休 水曜、第2・4木曜(祝日の場合は営業)  交 地下鉄・熱田神宮伝馬町駅から徒歩7分  P あり

↑趣のある建物は148年の歴史を感じさせる

| 予約 | 可※コース料理のみ |
| 予算 | 3000円〜 |

---

## ウナギのおいしさを追求した歴史を味わう
# 伝統のひつまぶし

江戸時代から庶民に親しまれてきた、名古屋の伝統食・ひつまぶし。
熟練の焼き技と香ばしい秘伝のタレが、おいしさをいっそう引き立てる。

### 「ひつまぶし」のこと
ウナギの蒲焼を細かく刻んで、お櫃に入ったご飯の上にのせたもの。そのまま、薬味をのせて、お茶漬けでと3種類の食べ方を楽しむことができる。

### 江戸時代後期に創業した
### 妥協をゆるさない老舗

## 鰻 木屋
うなぎ きや

白壁 **MAP** 付録P.5 E-4

厳選した国産ウナギは井戸水で臭みを抜き、強火の備長炭で焼き上げる。知多産のたまり醤油を用いた秘伝のタレは創業以来注ぎ足し、好評のご飯はブランド米を釜炊きするなどていねいに仕上げる。

☎052-951-8781
所 東区東外堀町11  営 11:00〜13:30  休 日曜、祝日  交 地下鉄・名古屋城駅から徒歩5分  P あり

↑テーブル席、座敷、個室で思う存分ウナギを味わいたい

↑名古屋城近くにあるので観光ついでの立ち寄りも

↑パリパリふわふわ食感も楽しめる「うざく」950円

| 予約 | 望ましい |
| 予算 | 2900円〜 |

**特選ひつまぶし 5300円**
ウナギを1匹使い、皮はカリッと、身はふわふわになるよう備長炭でじっくり焼き上げる

**最高級といわれる
青ウナギを使用**

予約 可
予算 4540円〜

## 炭焼 うな富士
すみやきうなふじ

鶴舞 MAP 付録P.2 C-2

コクがあり、あっさりとしたタレで焼き上げる。身はふっくらとやわらかで、香ばしい皮はパリッとジューシー。本当のウナギの味わいが楽しめる。

☎052-881-0067
所 昭和区白金1-1-4プレゼント白金1F
営 11:00〜14:00 17:00〜21:00(LO20:00)
休 不定休
交 各線・鶴舞駅から徒歩10分　Ｐあり

**上ひつまぶし
5170円**

タレの味と焼き方が絶妙で、ボリューム満点でも最後までおいしく食べられる

↑アットホームな雰囲気のお店なので女性のおひとりさまも多い

↑木のぬくもりある店内は、連日たくさんの客で賑わう(左)。ウナギ本来の味がよくわかる「白焼き」4000円(右)

伝統のひつまぶし

---

**信念を持って丹念に作り続けるウナギ専門店ならではの味**

予約 団体可
予算 2810円〜

## いば昇
いばしょう

栄 MAP 付録P.10 C-3

ひつまぶし発祥店のひとつに数えられる専門店。風味豊かで甘さ控えめのタレは、炭火でじっくり焼き上げられたウナギの旨みを引き立てる。常連客のほか、評判を聞きつけ訪れる客が後を絶たない。

☎052-951-1166
所 中区錦3-13-22
営 11:00〜14:30(LO) 16:00〜20:00(LO)
休 日曜、第2・3月曜
交 地下鉄・栄駅から徒歩3分　Ｐなし

↑築60年以上経つ歴史を感じるゆったりと落ち着いた店内

**ひつまぶし(吸い物付)
4000円**

香ばしく焼かれたウナギにタレがしっかり染み込む。煎茶でいただくお茶漬けは「いば昇」ならでは

↑現在は6代目が守る。親子3代にわたり通う常連さんも

↑ウナギが4切れのったうな丼(並/吸い物付)3060円

## 日本屈指のブランド鶏 名古屋コーチンを食す
# 多彩な美味 地鶏料理

食感や旨みをストレートに伝える調理に、食材の良さを引き立てる調理など、味わい方が豊富な名古屋コーチンをいただくならこの4軒がおすすめ。

### 「名古屋コーチン」のこと
明治時代初期に愛知県で中国から輸入されたバフコーチンと岐阜地鶏を交配してつくられた。歯ごたえのある締まった肉質で、ブロイラー鶏肉にはない奥深い味わい。

---

### 名古屋コーチン料理の代名詞的な老舗

## 鳥銀 本店
とりぎん ほんてん

栄 MAP 付録P.11 D-3

|予約|望ましい|
|---|---|
|予算|5000円〜|

創業以来純系の名古屋コーチンのみを使用。鳥銀がつくり広めた看板料理の「名古屋コーチン鍋」をはじめ、朝引きの極上名古屋コーチンだからできる「刺身五種盛」など多彩なメニューが揃う。一流芸能人も多数来店で知られる。

☎ 052-973-3000
所 中区錦3-14-22 宮木ビル1F
営 17:00〜22:30(金・土曜・祝日前は〜23:30) 休 無休
交 地下鉄・栄駅から徒歩2分 P なし

↑鶏の本場、名古屋で創業約50年

↑串焼き(2本)を各コースに650円(税別)で追加可能

↑手羽先唐揚(2本)を各コースに760円(税別)で追加可能

↑個室も2〜40人まで予約可

「月」コース
5800円(税別)
名古屋コーチンを金額面でも満足できるようにと予約コースは5800円(税別)から用意

↑看板料理の「名古屋コーチン鍋」と自慢の「朝引きの名古屋コーチン刺身盛合せ」。コーチン鍋は1500円(税別)でコースに追加できる

---

### 卸直営ならではの新鮮な朝挽きコーチンを堪能

## 名古屋コーチン 鳥しげ
なごやコーチン とりしげ

栄 MAP 付録P.10 C-3

肉汁あふれるコーチンもも一枚焼きや、注文が入ってから串に刺して焼くコーチン炭火焼など、コーチンのおいしさを感じるメニューが揃う。カウンター越しに見えるさばく様子や調理風景も圧巻。

☎ 052-972-1331
所 中区錦3-18-21 東京第一ホテル錦1F
営 11:30〜14:30(LO14:00)
17:00〜22:00(フードLO21:00)
休 日曜・祝日
交 地下鉄・栄駅から徒歩3分 P なし

↑外はカリッと中はジューシーな「手羽先唐揚」(上)。「月見つくね」は濃厚なコクのある卵と絡めていただく(下)

名古屋コーチン
もも一枚焼き
2300円〜
新鮮なさばきたてのもも一枚を使用。カウンターで焼き上げたおいしさがよくわかる一品

|予約|要|
|---|---|
|予算|Ⓛ1000円〜|
||Ⓓ6000円〜|

### 日本料理の職人による
### 旨みを凝縮した鶏を堪能

# 一鳳
いちおう

金山 **MAP** 付録P.16 C-2

朝挽きの純系名古屋コーチンのみを使用し、塩、炭なども丹念に厳選。職人の手によって生み出される上質な料理を味わえる。もも肉だけを使用し、よりおいしさを引き立てた鍋や親子丼もおすすめ。

☎ 052-684-1002
所 熱田区金山町2-2-1 営 11:30～14:30(LO14:00) 17:00～22:30(LO22:00)
休 不定休 交 各線・金山駅から徒歩3分
P あり(提携駐車場利用、2時間無料)

↑大小さまざまな個室は、少人数から大人数まで利用可能

**水炊き鍋 3500円**
名古屋コーチンの旨みがたっぷり染み出た、コラーゲンが豊富な水炊き鍋。写真は2人前

| 予約 | 望ましい |
|---|---|
| 予算 | L 2000円～ |
|  | D 7000円～ |

↑築約70年の数寄屋造りの風情ある建物は宮大工の手によるもの

↑某テレビ番組で、東海料理人が選ぶおいしい手羽先唐揚げに選出

↑名古屋コーチンならではの旨みが味わえる名物「極上親子丼」1800円

---

### 四季折々の素材を使った
### こだわりの郷土料理

# とり要
とりよう

丸の内 **MAP** 付録P.11 D-1

熟練の料理人が腕をふるう伝統料理が評判の老舗料亭。コースで味わえる「鍬焼き」は、タレに漬け込んで焼いた名古屋コーチンの旨みがダイレクトに伝わる逸品。個室で時間を忘れて味わいたい。

☎ 052-971-1697
所 中区丸の内3-7-39 営 11:30～14:00(LO13:00) 17:00～22:00(LO20:30)
休 不定休 交 地下鉄・久屋大通駅から徒歩5分 P なし

| 予約 | 要 |
|---|---|
| 予算 | L 3850円～ |
|  | D 1万円～ |

**名古屋コーチン「料理」会席コース 7590円**
名古屋コーチンの「鍬焼き」など、とり要自慢の名物料理を組み合わせたコース

↑時代感のある屏風や化粧箪笥が飾られたテーブル席の個室

↑昭和初期の面影を残す建物は、都心にあるとは思えない静けさ

↑庭を眺めることができる掘りごたつの座敷

多彩な美味 地鶏料理

### 香り高いつゆの名古屋麺はやっぱり本場で
# 抜群の喉ごし きしめん

駅の構内にも店舗があるなど、手軽に食べられるなごやめしの代表格。さまざまなトッピングを試して、食べ比べをしてみるのもおもしろい。

> **「きしめん」のこと**
> 平均幅が1cmほどの平たい麺のこと。つるつるですべすべした喉ごしが特徴で、ムロアジやカツオのだしに濃口醤油を合わせた「赤つゆ」で食べるのが基本。

---

**伝統ある製麺所から直送**
**素材の旨みが生きた一杯**

## 吉田きしめん エスカ店
よしだきしめん エスカてん

名古屋駅周辺　MAP 付録P.8 B-3

約130年の歴史ある老舗製麺所の直営店。最高級の小麦粉・水・塩のみで作られる麺とムロアジやカツオなど4種からとった、化学調味料を使用しない無添加のつゆもおいしさの秘訣。定食や膳が人気。

☎052-452-2875
㊟中村区椿町6-9 エスカ地下街　㊋11:00～15:00、17:00～20:00（金曜は～20:30、土・日曜は～21:00）　㊡エスカに準ずる　㊋各線・名古屋駅直結　㊟エスカ駐車場利用

**きしめん 850円**
毎日製麺所から届くもっちりとした平打ち麺と、たまり醤油で仕上げたコクのあるつゆが特徴

予約　不可
予算　700円～

↑大きなえび天2本と野菜の天ぷらを大根おろしとともにさっぱり食べられる「えびおろし」1350円

↑名古屋駅すぐの地下街エスカ（P.33）にあるため利便性も良い

---

**駅ナカで味わう名古屋の味**
**本格的なきしめんが楽しめる**

## 驛釜きしめん
えきかまきしめん

名古屋駅　MAP 付録P.8 C-3

国産小麦粉100%の生麺を使用したきしめんが特徴。店内の大釜で茹でているので、常にできたてを提供してくれるのがうれしい。おみやげ用きしめんの販売もあり、手みやげに喜ばれている。

☎052-569-0282
㊟中村区名駅1-1-4 JR名古屋駅名古屋中央通り　㊋7:00～22:00(LO21:30)　㊡無休　㊋JR名古屋駅構内　㊟なし

**きしめん 700円**
醤油かえしと、国産昆布とカツオを贅沢に使っただしに、コシのある麺と相性抜群

予約　不可
予算　700円～

↑朝7時から営業しているので、移動中に立ち寄ることもできる

↑JR名古屋駅中央コンコースの真ん中にあるため多くの人で賑わう

## 名古屋の食文化を凝縮した煮込み麺
# 豪快 味噌煮込みうどん

太い麺、鶏肉、長ネギなどを八丁味噌をブレンドした濃厚なだしで煮込む。その風味や見た目は、濃い口が主流のなごやめしを象徴している。

> **「味噌煮込みうどん」のこと**
> 土鍋に豆味噌と魚介だしを入れ、塩抜きの生麺を入れて煮込むため強いコシが生まれる。土鍋の蓋を皿代わりにして食べるのがツウ。つゆはご飯との相性も抜群。

---

### 創業当時から味と心を守る
### アツアツの味噌煮込みうどん
## 山本屋本店 エスカ店
やまもとやほんてん エスカてん

名古屋駅周辺　MAP 付録P.8 B-3

味噌煮込みうどんの発祥店。独特な歯ごたえのある麺と赤味噌にカツオだしの効いたつゆはまろやかでやみつきになる。四季折々の限定メニューや一品料理もおすすめ。

☎ 052-452-1889
所 中村区権野7 6-9 エスカ地下街
営 10:00～22:00 (LO21:30)
休 エスカに準ずる
交 各線・名古屋駅直結
P エスカ駐車場利用

○ 好立地のエスカ地下街にあり、みやげ専門の直売店もある

○ シンプルにおいしさが伝わる名古屋コーチンネギマ 1045円

味噌煮込みうどん 1518円
自家製麺とだしの旨みいっぱいの味噌つゆは好相性。具も多種のなかから選べる

予約 不可
予算 2000円～

---

### 味噌つゆとコシの強い麺が
### 一度食べたらクセになる
## 山本屋総本家 本家
やまもとやそうほんけ ほんけ

栄　MAP 付録P.12 C-1

大正14年(1925)から暖簾を守り続ける。歯ごたえのある堅めのうどん。八丁味噌と地元銘産の白味噌をこだわりの出汁で炊き込み、特製の出汁で深い味わいに。真っ黒な見た目の味噌おでんや牛すじも味わえる。

☎ 052-241-5617
所 中区栄3-12-19
営 11:00～16:00(LO15:30)
休 火・水曜
交 地下鉄・矢場町駅から徒歩7分
P なし

名古屋コーチン親子煮込みうどん 2178円
名古屋コーチンのかしわと卵が入った煮込みうどん。蓋を取り皿にして名古屋流で

予約 可
予算 1200円～

○ 豆味噌で煮込むおでん 528円は名古屋ならではの味

○ テーブル席や座敷など、シーンに合わせた3フロアを完備

---

### すっきりしたスープと
### 細めの角打ちモチモチ麺が特徴
## みそ煮込みの角丸
みそにこみのかどまる

栄　MAP 付録P.11 E-2

店主自ら打つ細めでほどよい噛みごたえの麺や、気温や湿度で調整された味噌の配合量が至高の一杯を生む老舗。麺のコシがしっかりわかるころきしめん(夏季限定)もおすすめ。

☎ 052-971-2068
所 東区泉1-18-33
営 11:00～15:00、17:00～19:00(土曜は～14:00)
休 日曜、祝日、夜不定休
交 地下鉄・久屋大通駅から徒歩5分
P なし

○ 地元客も多く、ゆっくりと食事ができる居心地のよい店内

○ 創業から90年以上にわたり、味を守り続けている

味噌煮込みうどん 940円
香り高い味噌と細めの手打ち麺。ホタテ貝柱入りや季節限定のカキ入りなどもある

予約 不可
予算 1000円～

きしめん／味噌煮込みうどん

## 一度は試してみたい名物の個性派グルメ
# 名古屋食をもっと楽しむ

八丁味噌やスパイシーな香辛料を使い、「濃い味」を好む食文化がある名古屋。一度食べたらやみつきになること間違いなし。

### 「味噌」のこと
名古屋人の味覚の原点であり、なごやめしの濃口のベースになっている八丁味噌(豆味噌)。豆麹と塩だけで作られ、甘辛くコクがあり、ほのかな渋みが特徴。

**台湾ラーメン**
台南名物の担仔麺をもとにしたまかない食が起源。鶏ガラスープにひき肉とニラをトッピングした激辛ラーメン。

**味噌カツ**
最大の特徴はトンカツにたっぷりとかかる味噌ダレ。店ごとに趣向を凝らし、まったく違った味わいが楽しめる。

食べる●なごやめし

**どて煮**
鍋のふちに八丁味噌の土手を作り、おでんを煮込んだことに由来。具は牛すじやモツ、大根。どて焼きとも呼ぶ。

**味噌おでん**
豆味噌ベースの煮汁を注ぎ足して作られる伝統料理。真っ黒な見た目に驚くが、適度な辛さと甘みが絶妙な味わい。

## 郷土の味が楽しめる有名店はこちら

### 味噌カツ
**矢場とん 矢場町本店**
やばとん やばちょうほんてん
大須 MAP 付録P.13 D-2
昭和22年(1947)創業。味噌カツの人気に火をつけた有名店。さらっとした豆味噌ダレが決め手。
☎052-252-8810 所中区大須3-6-18
営11:00~21:00 休無休
交地下鉄・矢場町駅から徒歩5分 Pあり

### 味噌おでん / どて煮
**當り屋**
あたりや
覚王山周辺 MAP 付録P.14 A-2
屋台風の老舗居酒屋。創業以来注ぎ足し続けた八丁味噌ダレで作るどて焼きやおでんが名物。
☎052-761-7033 所千種区向陽1-12-29
営17:00~22:30(LO22:00) 休日曜、祝日(土曜が祝日の場合営業)
交地下鉄・池下駅から徒歩5分 Pなし

### 台湾ラーメン
**味仙 今池本店**
みせん いまいけほんてん
今池 MAP 付録P.2 C-1
昭和35年(1960)創業の本格中国台湾料理店。ピリ辛ミンチをベースにした台湾系グルメの元祖。
☎052-733-7670 所千種区今池1-12-10
営17:00~翌1:00(LO翌0:30) 休無休
交地下鉄・今池駅からすぐ P4台

### 味噌カツ / エビフライ
**すゞ家**
すずや
大須 MAP 付録P.13 D-3
八丁味噌と干し柿で作る特製味噌カツダレ、エビフライは新鮮な三河産天然エビを使用。
☎052-241-3752 所中区大須3-11-17
営11:00~15:00(LO14:30)
17:00~21:00(LO20:30) 休木曜
交地下鉄・上前津駅から徒歩5分 Pなし

### 味噌おでん / どて煮
**島正**
しましょう
伏見 MAP 付録P.10 B-4
昭和24年(1949)に屋台として開業。仕込みに10日かけるどて焼きの大根がまろやかな味わい。
☎052-231-5977
所中区栄2-1-19
営17:00~22:00 休土・日曜、祝日
交地下鉄・伏見駅から徒歩5分 Pなし

### カレーうどん
**本店 鯱乃家**
ほんてん しゃちのや
名古屋城周辺 MAP 付録P.2 C-1
名古屋流カレーうどんの元祖ともいえる店。とろみのきいたカレーだしは極太麺との相性抜群。
☎052-915-8156 所北区田幡2-14-1 営11:00~14:00 17:30(日曜、祝日18:00)~21:00(なくなり次第閉店) 休木曜、第3月曜の夜(祝日の場合は営業) 交地下鉄・黒川駅から徒歩3分 Pなし

**手羽先**
かつて手羽先は一般的に流通していなかった部位。創意工夫により全国的にも知られる名古屋名物にまで進化した。

**カレーうどん**
鶏ガラだしに数種類のスパイスを配合したとろみのあるスープ、極太麺、具材は豚肉、油あげ、長ネギが主流。

**天むす**
三重県津市の天ぷら店「千寿」のまかない食として誕生。冷めてもおいしく、お弁当やおみやげとしても人気。

**エビフライ**
1980年代、テレビ司会者の「エビフライ=名古屋名物」発言に名古屋の飲食業界が注目し、名物に定着した説が有力。

**あんかけスパゲッティ**
赤ウインナーやピーマンなどの具材を太麺とともに炒め、野菜や牛肉、スパイスで煮込んだ濃厚ソースをかける。

**鉄板スパゲッティ**
熱した鉄板の上に濃厚ナポリタンスパゲッティと溶き卵を盛り付けたスタイル。最後までアツアツで食べることができる。

## 名古屋食をもっと楽しむ

---

### 手羽先
**風来坊 栄店**
ふうらいぼう さかえてん
栄 MAP 付録P.11 F-4
手羽先唐揚げブームの先駆けとなった店。会長・大坪氏が考案した秘伝の甘辛ダレが決め手。
☎052-241-8016 所中区栄4-5-8 エアリビル1F
営17:00〜23:00(金・土曜は〜0:00) 休不定休
交地下鉄・栄駅から徒歩3分 Pなし

### 手羽先
**世界の山ちゃん 本店**
せかいのやまちゃん ほんてん
栄 MAP 付録P.11 F-4
国内外80店舗以上を展開。「幻の手羽先」は辛さと風味が際立つ「幻のコショウ」がやみつきに。
☎052-242-1342 所中区栄4-9-6 営16:00〜23:15(LO22:30) 土曜15:00〜0:15(LO23:30)日曜、祝日15:00〜23:15(LO22:30) 休無休 交地下鉄・栄駅から徒歩5分 Pなし

### 天むす
**めいふつ天むす 千寿本店**
めいふつてんむす せんじゅほんてん
大須 MAP 付録P.13 D-3
昭和55年(1980)、天むす発祥店「千寿」から暖簾分けして開業。12〜14時はイートインも可能。
☎052-262-0466 所中区大須4-10-82
営8:30〜18:00(なくなり次第閉店) 休火・水曜 交地下鉄・上前津駅から徒歩3分 Pなし

### あんかけスパゲッティ
**スパゲッティ・ハウス ヨコイ 住吉本店**
スパゲッティ・ハウス ヨコイ すみよしほんてん
栄 MAP 付録P.10 C-4
ブラックペッパーの効いたピリッと濃厚なヨコイ式ミートソースを考案したあんかけスパの元祖。
☎052-241-5571 所中区栄3-10-11 サントウビル2F 営11:00〜15:00(LO14:30) 17:00〜21:00(LO 20:30) ※日・火曜、祝日はランチのみ 休月曜 交地下鉄・栄駅から徒歩5分 Pなし

### 鉄板スパゲッティ
**喫茶ユキ**
きっさユキ
車通 MAP 付録P.2 C-1
名古屋イタリアンの代表格、鉄板発祥の店。鉄板に広がる半熟卵と麺が絶妙に絡みあう。
☎052-935-1653 所東区葵3-2-30
営10:30〜15:00 休金・土曜
交地下鉄・車道駅から徒歩3分 Pなし

### エビフライ
**まるは食堂 ラシック店**
まるはしょくどう ラシックてん
栄 MAP 付録P.11 D-4
本店のある知多半島・豊浜から新鮮な魚介類を直送。エビフライは持ち帰りも可能。
☎052-259-6701 所中区栄3-6-1 ラシック8F
営11:00〜15:00(LO14:30) 17:00〜22:00(LO 21:00)
土・日曜、祝日、繁忙期11:00〜23:00 (LO 22:00)
休不定休 交地下鉄・栄駅から徒歩3分 Pなし

食文化を支え、市民に親しまれる料理
# 100年愛される老舗の味

地元住民が足繁く通う名店を3軒ご紹介。年月を重ねても変わらぬ美味には、作り手の人柄が滲み出ている。

⬆小皿に盛られた料理、冷蔵庫に入った刺身など45種類とオーダーメニュー40種類。好きなものを自分で運ぶという学食スタイル

名古屋の酒通ならば
誰もが知っている居酒屋

## 大甚
だいじん

伏見 MAP 付録P.10 A-4

明治40年(1907)創業の居酒屋。開店時間を迎えれば、連日すぐに多くの人でいっぱいになる。市場で仕入れた新鮮な食材を使った大皿小皿に盛られた料理をあてに、「賀茂鶴」の熱燗を堪能。

☎052-231-1909
所 中区栄1-5-6 営 15:45〜21:15(LO21:00)、土曜〜20:15 休 日曜、祝日 交 地下鉄・伏見駅からすぐ P なし

**おすすめメニュー**
ホルモン土手 800円〜
お刺身盛り合わせ 900円〜

予約 可
予算 3000円〜

⬆柳橋中央市場で仕入れた食材で作る料理

⬆御園座の近くにある大衆居酒屋の元祖。毎日通う常連客も多い

⬆熱燗を仕切る女将さんの姿もこの店の名物。賀茂鶴を特注樽詰めから次々に徳利に移し、湯せんで熱燗につけていく

## 地元で愛され続ける極上の和牛料理の名店

### スギモト 本店
スギモト ほんてん

栄 MAP 付録P.10 C-4

長く和牛料理と精肉店として親しまれてきた同店の創業は、明治33年(1900)。松阪牛の竹内牧場をはじめ国内各地の牧場と契約し、極上のしゃぶしゃぶやすき焼を提供し続けている。

☎052-261-2065
所 中区栄3-1-35 営 11:30～14:00 16:00～22:00(LO21:00) 休 12月31日、1月1・2日 交 地下鉄・栄駅から徒歩8分
P イトマス駐車場利用

**予約** 可
**予算** L 1000円～
D 9000円～
※16時以降は別途サービス料10%

**おすすめメニュー**
お肉屋さんのビーフカレー(ランチ) 1000円
会席 2万円～

↑黒毛和牛のヒレ肉をメインにした和牛会席。先付け、しのぎ、お椀など月替わりする8種類のメニューから構成された人気の会席料理(写真はイメージ)

↑松阪牛のしゃぶしゃぶは1万2500円～。コースもあり

↑名古屋コーチンの卵で味わうすき焼1万円～は看板料理

↑人気の高い個室は早めの予約(夜のみ)が必要

↑黒毛和牛しゃぶしゃぶは7200円～とお値打ちに。鉄板ステーキなどもある

100年愛される老舗の味

## 伝統の味を守り続ける鶏料理とウナギ料理の店

### 宮鍵
みやかぎ

名古屋駅周辺 MAP 付録P.9 F-4

朝挽きした三河赤鶏を使った親子丼やかしわ味噌すき、創業以来の秘伝のタレで焼き上げたウナギ料理が名古屋の味として親しまれる老舗。白炊きなどの鍋料理は、仲居さんが調理してくれるので安心。

☎052-541-0760
所 中村区名駅南1-2-13 営 11:30～14:30(LO14:00) 17:00～21:40(LO21:00) 休 土曜、第4水曜、連休時不定休 交 地下鉄・伏見駅から徒歩7分 P 納屋橋パーキング／ビーズホテル第二駐車場利用

↑明治32年(1899)創業の風格のあるたたずまいは、時の流れを感じさせる

**予約** 可
**予算** L 2000円～
D 3000円～

↑テーブル席、座敷、個室と合わせて全120席

**おすすめメニュー**
白炊き 4100円
ひつまぶし 4500円

↑脂がのったウナギをふっくらと焼き上げた「ひつまぶし」

↑つけ皿に大根おろしに酢と卵黄、最後に醤油を入れていただく、宮鍵名物「白炊き」。ネギなどの薬味もお好みで。写真は3人前

## 名古屋の朝はサービス精神旺盛な喫茶店で
# モーニングという食文化

喫茶店の競争が激しい名古屋では、お店によってサービスもさまざま。早起きして、この街ならではの朝食をいただきに出かけたい。

> **「モーニング」のこと**
> 喫茶店王国・名古屋の喫茶店文化を象徴するのが今や有名となった「モーニングサービス」。ドリンク1杯に頼んだ覚えのない料理が無料で付くのが一般的。

### エビフライサンドが定番の名古屋を代表する老舗カフェ

## コンパル 大須本店
コンパル おおすほんてん

**大須** MAP 付録P.12 C-3

昭和22年(1947)創業で名古屋市内に9店舗を展開する老舗喫茶店。「サンドイッチのコンパル」といわれるように多彩なサンドイッチがこの店の看板メニュー。自分で作るアイスコーヒーもコンパルならでは。

☎ 052-241-3883
所 中区大須3-20-19
営 8:00〜21:00(LO20:45) 休 無休
交 地下鉄・上前津駅から徒歩4分 P なし

> **モーニングDATA**
> 時間 8:00〜11:00
> 料金 630円(コーヒー)
> セット内容
> モーニングはドリンク代に+150円でハムエッグトーストが付く

1. 布張りの椅子など昭和の懐かしい雰囲気をそのまま残す店内はいつも満員
2. アツアツのハムエッグトーストが付くモーニング。氷入りのグラスに熱いデミタスコーヒーを注いで作るアイスコーヒー
3. 大須の象徴のひとつ織田信長の父・信秀の菩提寺の萬松寺のすぐ北側に構える店
4. エビフライが3本も入ったこの店の名物、エビフライサンド1100円

### 終日モーニングサービス 6種類のなかからチョイス

## リヨン

**名古屋駅周辺** MAP 付録P.9 D-4

一日中モーニングサービスを実施している名駅近くの名物喫茶店。フルーツプレスサンド付き、トースト+ゆで卵+カステラ付き(午後はカステラなし)など、ドリンク代だけのモーニングサービスが常時6種類。

☎ 052-551-3865
所 中村区名駅南1-24-30名古屋三井ビルディング本館別棟B1 営 8:00〜18:00
休 無休 交 各線・名古屋駅から徒歩5分
P なし

> **モーニングDATA**
> 時間 8:00〜18:00
> 料金 450円(コーヒー)
> セット内容
> 22種類のドリンクのうち1品頼めば6種類のモーニングサービスから1品を選択可

1. スパイラルタワー方面から三井ビルディングをつなぐ地下道出口にある独立店舗
2. 名古屋を感じさせるモーニングサービス「小倉あんプレスサンド」が定番
3. 女性に人気のモーニングサービス「フルーツプレスサンド」。4種類揃うモーニングセット650円〜もある

## 自家製ケーキが楽しめる
## 名古屋屈指の老舗喫茶

# 洋菓子・喫茶 ボンボン
ようがし・きっさ ボンボン

栄周辺 **MAP** 付録P.11 F-1

昭和24年(1949)創業の洋菓子店が営むレトロな喫茶店。喫茶店でも常時約30種類の自家製ケーキが堪能できる。モーニングセットはドリンク代＋100円だけでバタートーストとゆで卵が付いてくる。

☎ 052-931-0442
所 東区泉2-1-22
営 8:00～21:00(LO 20:40) 休 無休
交 地下鉄・高岳駅から徒歩4分 P あり

### モーニングDATA
時間 8:00～10:00(日曜、祝日は除く)
料金 360円＋100円(コーヒー)
セット内容
時間内にドリンクを注文すれば無料でバタートーストとゆで卵をサービス

1. 洋菓子店を併設。店は広いが常時満席に近い人気ぶり
2. モーニングセットにさらに＋100円でトーストにぬるあずきか柚子ジャム、ミニサラダもしくはヨーグルトを付けることができる
3. 名物ケーキのサバラン(左)やボンボン生ロール(右)など自家製ケーキは330円～(イートイン)

## ペット同伴での来店も可能
## 選べて楽しい和風モーニング

# 白壁カフェ 花ごよみ
しらかべカフェ はなごよみ

白壁 **MAP** 付録P.6 B-3

懐石料理店を系列に持つので、おにぎりと茶碗蒸しなど「日本の朝食」をイメージした和風モーニングがいただける。和の食材を使用した料理も人気で、一日を通して老若男女問わず多くの人で賑わう。

☎ 052-931-2346
所 東区主税町4-72 アーバニア主税町1F
営 7:30～22:00(LO21:30) 休 無休
交 地下鉄・高岳駅から徒歩12分 P あり

1. 花チラシ1400円。ランチタイムはサラダ付き。ご飯大盛り無料
2. テーブル席は席間がゆったり。雰囲気のよいテラス席もおすすめ
3. 主食はおにぎりやお茶漬けなど、3種のなかから選択可能。その日の気分や体調に合わせて選びたい

### モーニングDATA
時間 7:30～10:00
料金 480円(コーヒー)
セット内容
おにぎり2種(ごま塩、ふりかけごはん)、サラダ、茶碗蒸し、ほうじ茶
※おにぎりのほか、トースト、お茶漬け、おかゆ(5～9月は冷やし茶漬け)に変更可

モーニングという食文化

小倉あんと多彩な味覚のマリアージュ

# 甘美なナゴヤスイーツ

自由な発想に基づき、さまざまな食材と組み合わせた絶品メニューの数々。
やさしい味わいと濃厚な甘さを生かした、新しい食べ方を楽しみたい。

**「小倉スイーツ」のこと**
ある喫茶店でぜんざいにトーストを浸して食べていたことから考案された小倉トーストが始まりとされる。小倉あんを挟む以外にも、お店によってさまざまな食べ方がある。

**小倉あんトースト1375円**
厚切りトーストにマスカルポーネチーズと特製小倉あんをトッピングした名古屋限定メニュー

食べる●なごやめし

優雅なひとときを過ごせる
キハチブランドのカフェ

## キハチ カフェ
## 名鉄百貨店本店
キハチ カフェ めいてつひゃっかてんほんてん

**名古屋駅周辺** MAP 付録P.8 C-4

「レストラン キハチ」が手がけるカフェで、旬の素材を使ったサラダやサンドイッチ、スイーツに香り高いコーヒーが評判。テーマである"心のゆとりを感じる、大人のためのくつろぎ空間"をぜひ。

☎ 052-585-7748
中村区名駅1-2-1 名鉄百貨店本店 本館4F
休 名鉄百貨店に準ずる
営 10:00〜19:00(LO18:30)
各線・名古屋駅からすぐ
P 名鉄スカイパーキングほか契約駐車場利用

➡ 全面禁煙のくつろぎ空間。ゆったりとした時間を約束してくれる

➡ エビ、アボカド、トマト、ルッコラのサンド2200円

### 常時20種類以上の豆が揃う
### 小さな珈琲専門店

## 加藤珈琲店
かとうこーひーてん

栄 MAP 付録P.11 E-2

国際品評会で上位に入賞した高品質コーヒー豆が味わえる珈琲専門店。コーヒーの新たな発見や魅力について感じてもらうため、一人ひとりの好みの味を分析する珈琲カルテなどの取り組みも。

☎052-951-7676
所東区東桜1-3-2
営8:00～16:00(LO15:45)
休第3水曜(15日の場合は翌日)
交地下鉄・久屋大通駅から徒歩1分 Pなし

↑一人でも入りやすい店内は、テーブルとカウンター合わせて全14席

↑桜通に面しており、気軽に入りやすい雰囲気も人気のひとつ

↑小倉トースト495円。観光客も多くモーニングも人気

金しゃち珈琲ぜんざい 605円
コーヒーと小倉あんが絶妙にマッチした一品。栗の上にのった金粉も名古屋らしい

甘美なナゴヤスイーツ

### アットホームな自家焙煎
### 濃厚なコーヒーを楽しむ

## BUCYO COFFEE
ブチョーコーヒー

名古屋駅周辺 MAP 付録P.2 C-1

自家焙煎したコーヒーと自家製小倉が人気。アットホームなメニューや心地よい接客で、多くの人から愛され賑わう。しっかりとした味わいのオリジナルコーヒーはおかわりが1杯無料のサービスも。

☎052-582-3780
所中村区名駅南1-10-9山善ビル1F
営7:15～17:00(LO16:30)
モーニングはLO10:30
休1月1日・2日
交各線・名古屋駅から徒歩10分
Pなし

↑ドアを開けた瞬間からコーヒーの良い香りに包まれる

↑午後からゆっくりと楽しめる「午後のモーニング」がおすすめ

小倉&ザクザクきなこバターの厚切りトースト 800円
甘さ控えめの小倉あんと煎り大豆のクランチ入りきなこバターのダブルのせが大人気の一品

## NIGHT SPOTS
### ナイトスポット

食べる●ナイトスポット

**美酒と美観に酔いしれる**

# 夜の光が彩る
# 大人の場所

きらびやかな夜景と、お店の世界観が生む別天地は、旅先での特別な夜を演出してくれる。おいしいお酒と料理を心ゆくまで味わいながら、一日の締めくくりを優雅に過ごしたい。

ブルーライトで照らされた黒を基調とした空間。窓際席は予約するのが確実
THE ONE AND ONLY

地上210mから見る名古屋の夜景は、まるできらびやかな宝石箱のよう。
スカイラウンジ「ジーニス」

名古屋の夜景を独り占め
地上180mの極上空間へ

## THE ONE AND ONLY
ザ ワン アンド オンリー

名古屋駅周辺 MAP 付録P.8 C-2

店は地上40階、高さ180m、全面ガラス張りで名古屋市内の夜景を一望できる。カクテルは100種類以上も揃い、オリジナルカクテルも注文できる。コース料理（前日までに要予約）は7260円〜。

☎052-551-0030
所 西区牛島町6-1 名古屋ルーセントタワー40F
営 18:00〜翌1:00(LO24:30、最終入店24:00) 休 無休 交 各線・名古屋駅からすぐ

1. 手ごろなものからハイクラスなものまで揃う
2. チーズ3種盛り合わせ1815円
3. 野菜のディップ1452円は女性に人気

おすすめメニュー
カクテル 1150円〜
コース料理 7260円〜

予約 可
予算 4000円〜

夜の光が彩る大人の場所

---

ホテル最上階のラウンジで
プレミアムな時間を満喫

## スカイラウンジ
## 「ジーニス」

名古屋駅周辺 MAP 付録P.8 C-3

名古屋マリオットアソシアホテル（P.136）の最上階ラウンジ。17時以降はカクテルや、シェフが腕をふるう人気ディナーコースが味わえる。ピアノの生演奏も特別な夜を演出してくれる。

☎052-584-1108
所 中村区名駅1-1-4 名古屋マリオットアソシアホテル52F 営 13:00〜23:00(LO22:30)、土・日曜、祝日11:30〜23:00(LO22:30) 休 無休 交 各線・名古屋駅からすぐ

1. 新しく誕生したワインアトリエ
2. 高級感が漂うヨーロッパ風の店内
3. 人気の「スカイアフタヌーンティー」は早めの予約がおすすめ

おすすめメニュー
スカイアフタヌーンティー 5000円〜
ディナーコース 11500円〜

予約 可
予算 L 2000円〜
D 11500円〜

## プレミアムなカウンターに陶酔する

# 繁華街の隠れ家にて

一杯のお酒に込められた細やかな心配りと特別なこだわり。大都市の喧騒から少し離れて、静かにグラスを傾けるひととき。

↑モルトウイスキーやハードリカーなど約1000本のボトルが並ぶBAR BARNSの一枚板のカウンター

## BAR BARNS
バーバーンズ

伏見 MAP 付録P.10 B-4

### 広くニーズに応えるオーセンティックバー

全国的にも名高いバーの名店。提案型のバーとして、基本的なドリンクメニューは存在せず、ニーズに合わせた一杯をそのつど提供している。訪れた人が魅了される、至極の一夜を過ごすことができる。

☎052-203-1114
所中区栄2-3-32 アマノビルB1
営16:00～24:00(LO23:30)
土・日曜、祝日は15:00～23:00(LO22:30)
休月曜、第1・3火曜
交地下鉄・伏見駅から徒歩3分

予約 要
予算 5000円～
※チャージ料(ナッツ類・オードブル付)1300円

↑生ハムとルッコラのサラダ1800円など、フードメニューも豊富

→シンプルながらもイチジクの風味を最大限に生かした女性に人気のカクテル

→山梨県産の巨峰を8粒使用。飲んだ瞬間からみずみずしい風味が広がる

### おすすめメニュー
愛知県産イチジクのカクテル 1600円／山梨県産巨峰のカクテル 2200円

↑入手困難なウイスキーなども用意

## BAR YLANG YLANG
バーイランイラン

伏見 MAP 付録P.9 F-4

### ノースモーク・ノーチャージフードメニューも充実

お酒の原料のほのかな香りを感じ取れるよう全席禁煙に。シングルモルトや本格カクテルはもちろん、1軒目としても使える充実したフードメニューも揃う。自家製スイーツ目当ての女性客も多い。

☎052-222-3125
所中区錦1-14-23 HP錦橋ビル2F
営18:30～翌2:30
休無休
交地下鉄・伏見駅から徒歩5分

↑白を基調とした開放的な店内は、女性一人でも入りやすい雰囲気

予約 可
予算 2000円～(税別)

### おすすめメニュー
オリジナルカクテル 990円
ナチュールワイン 880円

→自然製法で造られた「ナチュールワイン」。グラスにもこだわりが

→味わい深いウイスキー。ロック氷はダイヤモンドカット

→季節のフレッシュフルーツを使用したオリジナルカクテル

⬆AUTHENTIC BAR Kreisのバーカウンター。ゆったりくつろげるように席と席の間が広くとられている

## AUTHENTIC BAR Kreis
オーセンティック バー クライス

伏見 MAP 付録P.10 A-4

**おすすめメニュー**
オリジナルカクテル 1100円～
シングルモルト 880円～

予約 可
予算 4000円～

### おいしさのために徹底したこだわりを持つ

フレッシュフルーツや野菜を使用したカクテルをはじめ、かなりマニアックなウイスキーも取り扱う。道具や水、氷にいたるまで徹底したこだわりから生まれる至高の一杯で非日常的な時間に浸れる。

☎052-231-3223
所中区栄1-4-12 第一御園山田ビル2F 営17:00～翌1:00 休不定休
交地下鉄・伏見駅から徒歩1分

⬆大切な人と語り合えるテーブル席や半個室も完備

⬆濃厚な甘酸っぱさのモスコミュール1100円

⬆さわやかな色が印象的なチャイナブルー1100円

**日本酒を嗜む立ち飲み屋**

日本酒の素晴らしさを八咫烏のように導く

## 純米酒専門 YATA 栄店
じゅんまいしゅせんもん やた さかえてん

予約 可
予算 2500円～

酒販店が経営する純米酒専門の立ち飲み店。おすすめは利き酒コース(1時間2500円)で、日本酒通の店長が要望を聞きながら構成する。

栄 MAP 付録P.11 F-4

☎052-253-8553 所中区栄4-4-4 栄メッツビル1F 営17:00～23:00(LO) 土・日曜、祝日15:00～22:30(LO) 休月曜 交地下鉄・栄駅から徒歩5分

⬆「作」や「はなぶさ」など東海地方の地酒も充実している

⬆すべて1ショット(100㎖)700円

⬆鶏のささみのスモークやクリームチーズのわさび和えなどつまみはすべて600円

# 賑やかな夜の祝杯

## クラフトビールを片手に会話と料理を満喫

なみなみと注がれたビールと相性抜群の料理が、旅の夜を充実させる。
お店が持つ独特の雰囲気や、人との語らいも楽しみたい。

### おすすめメニュー
クラフトビール 800円～（税別）
生ソーセージのオーブン焼き 680円（税別）

↑手切りした肉の食感が大人気の肉っ！な手作り焼売680円

↑桜島鶏のパリパリ焼き1180円。干すことで程よく締まった肉とパリパリの皮がクラフトビールにぴったり

## 堀川右岸のロケーションでクラフトビールを味わう

### あらびき

予約 可
予算 3000円～（税別）

伏見 MAP 付録P.9 F-4

樽生クラフトビールと中華料理が一緒に楽しめるお店。辛みだけでなく旨みを重視した緑麻婆豆富980円などの絶品本格中華にビールが進む。カウンター越しにスタッフと会話が弾むのもこのお店の魅力だ。

☎052-211-5956
所 中区錦1-15-10 萬新ビルB1 営 18:00（土・日曜15:00）～0:00（LO23:00） 休 月曜、祝日 交 地下鉄・伏見駅から徒歩5分

↑初対面でもお客さん同士が仲よくなれるような空気が漂う。ワインも各種揃う

## いつでも新鮮な「樽生」クラフトビールが飲める

### CRAFTBEER KEG･NAGOYA
クラフトビール ケグ・ナゴヤ

栄 MAP 付録P.11 E-3

予約 可
予算
L 880円～
D 2000円～

常時13種類のクラフトビールが揃い、樽が空くごとに違うものに代わるので、毎日異なるビールが楽しめる。飲み放題とおつまみ8品がついたパーティプランも楽しめる。11:30からの昼飲みもおすすめ。

☎052-971-8211
所 東区東桜1-10-13 営 17:00～23:00 土曜11:30～23:00 休 無休 交 地下鉄・久屋大通駅から徒歩3分

↑夜はもちろん、休日になると昼飲み目当ての人で賑わう

↑13ものタップ（生ビール注ぎ口）があり、いつでも新鮮な状態で飲むことができる

### おすすめメニュー
クラフトビール 800円～
マルゲリータ 1200円

↑直径24cm、モルトエキスの入ったマルゲリータ。季節の食材を取り入れた料理も評判だ

↑日本全国のクラフトビールが入荷されるので、さまざまな味のクラフトビールが楽しめる

SHOPPING
*Nagoya*

豊かな伝統に
支えられた
逸品と出会う

## 買う

代々受け継がれてきた伝統に
固執するだけではない。
過去から目を離すことなく、
先にも目を向け、新旧を融合させ、
常に高みを目指す職人による
暮らしを彩る品々や
名物の味みやげを探したい。

## 代々受け継がれた技と誇りの結晶
# 上質が極まる逸品

ものづくりの歴史が息づく街で、今も重宝される工芸品の数々を手に入れたい。華やぎの七宝や扇子、暮らしに取り入れたい染物など、見て触れて職人の技を感じる。

## 有松絞り
ありまつしぼり

約400年前、尾張藩が藩の特産品としたのが有松絞りの始まり。伝統技法は約100種類にもおよび、有松・鳴海絞りは国内絞り生産の90%を担う。

**職人の実演も見られる中核施設**

**巾着**
2000円（税別）
カラフルでかわいい蜘蛛絞りの巾着。和装、洋装問わずに合わせられるアイテム

**シルクスカーフ**
8000円（税別）
肌ざわりが良いシルク生地に縫い絞りを施したスカーフ。細かい縫いが上品さを演出

**ハーフスリーブワンピース**
2万5000円（税別）
人気の藍色のワンピース。小さな四角形柄の鹿の子絞りで、アジサイの花を表現

**ハーフスリーブワンピース**
2万円（税別）
涼しげな有松絞りのワンピース。会館にはこうしたウェアアイテムが豊富に揃っている

**化粧ポーチ**
1800円（税別）
多彩な絞り技術で仕上げられた生地をコラージュした色彩豊かでおしゃれなポーチ

## 七宝焼き
しっぽうやき

天保年間（1830〜44）、尾張の梶常吉が、オランダ船により輸入された七宝皿を手がかりに製法を発見、改良を加えたのが始まりとされている。

**明治期創業の七宝焼の老舗**

**丸型銀彩干支飾皿**
3600円（税別）
縁起物として、2024年の辰年にちなんで

**銀彩ボンボニエール**
2万円（税別）
テーブルの装飾品にて、小物入れなどに利用できる

**七宝金地鶴と松飾皿**
15万円（税別）
尾張七宝の最大の特徴である「釉薬差し」を職人が手作業で行っている。釉薬の盛り上がりもあり、立体的に見えるのも特徴

**七宝ピンブローチ（メキシカンスカル）**
2万8000円（税別）
スカルの細部までこだわり抜いた逸品。ゴールドにブラックのスカルはゴージャスでどことなくユーモラス

**薔薇ピンブローチ**
1万5000円（税別）
オリジナルデザイン。花びら一枚一枚に立体感を持たせ薔薇の花らしさを表現

**七宝お猪口**
2万4000円（税別）
冷酒用の器。このほか黄色・緑色・赤色の全4色（火傷の原因になるので、加熱した飲料は入れない）

---

## 有松・鳴海絞会館 →P.80
ありまつ・なるみしぼりかいかん

**有松** MAP 付録P.18 C-1

有松絞りの中核をなす施設で、その歴史や職人による実演などが見られる。1階の広いショップでは小物からウェア、反物まで幅広い絞り商品が販売されている。

子ども服なども充実しているので贈り物にもぴったり。2階では実演が行われている

## 安藤七宝店
あんどうしっぽうてん

**栄** MAP 付録P.13 D-1

明治13年（1880）創業以来、尾張七宝焼の製造販売を手がける老舗で、東京・銀座にも支店を展開している。美しい小物が充実しているので、旅の記念におすすめ。

📞052-251-1373
📍名古屋市中区栄3-8-8名古屋平和ビル1階
🕙10:00〜18:30（土・日曜、祝日は〜18:00）
休 火曜
🚇地下鉄・栄駅から徒歩3分
P あり

2023年6月に移転、リニューアルオープン

## 名古屋扇子
なごやせんす

宝暦年間（1751〜64）に京都から現在の西区幅下（名古屋城下）あたりに移住してきた井上勘造親子により製造が始められたのが起源と伝わる。

**9.5寸飾り扇 名古屋城**
3万3250円
豪華さを演出する金雲と名古屋城に、桜と松の木を配した色鮮やかな飾り扇子

**6.5寸35間唐木 紺地鉄線** 3080円
紺パール地に白い鉄線が引き立つ

**7.5寸35間ラメ鮎** 3300円
黒地にラメ鮎の扇子

### 手作りされる多彩な名古屋扇子

### 末廣堂
すえひろどう

名古屋城周辺　MAP 付録P.2 B-1

大正元年（1912）に輸出向け扇子の製造店として開業。現在は昔ながらの手作り「名古屋扇子」にこだわる製造直営店で、店内で名古屋扇子の手作り体験（1000円〜、要予約）もできる。

☎052-562-2267
所 西区新道1-20-14
営 10:00〜17:00
休 日曜、祝日
交 地下鉄・浅間町駅から徒歩6分　P あり

## 名古屋黒紋付染
なごやくろもんつきぞめ

慶長15年（1610）、尾張藩士小坂井家が、藩内の旗、幟などを製造したことが始まりといわれる。のちに現在につながる紋型紙板締めの技法が生まれた。

**黒紋付染手ぬぐい（白丸・金鱗・葵）**
各1420円
黒紋付染の技法を使った手ぬぐい。伝統柄の白丸や鱗紋が入った製品もある

**黒紋付染Tシャツ**
各4620円
黒紋付染職人がTシャツに黒の味わいのテキスタイルを表現。一点もののなかから自分好みを選びたい

**黒紋付染ストール**
各4950円
知多木綿を使ったストール。黒紋付染の特徴である染抜きやムラ染などがある

### 黒紋付染をモダンスタイルで

### 山勝染工
やまかつせんこう

名古屋城周辺　MAP 付録P.2 C-1

大正8年（1919）創業以来、黒紋付染の伝統的製法を守る。黒紋付染のほか、自社ブランド「中村商店」では伝統的技術を現代に応用した多彩な商品を作っている。手ぬぐいはG20のおみやげとしても使われた。

☎052-523-1601
所 西区城西2-6-28
営 10:00〜17:00
休 土・日曜、祝日
交 地下鉄・浅間町駅から徒歩6分　P あり

## つげ櫛
つげくし

本つげ櫛は、髪を傷めず、毛根に心地よい刺激を与え、頭熱を冷やし、抗菌・抗炎症作用があるのが特徴。木目が美しく丈夫で長持ちするのも魅力的。

**女性櫛（中歯）**
4万920円
シンプルな女性用のつげ櫛。中歯は髪の毛の長い人、軽くパーマがかかっている人におすすめ

**柄付櫛** 9900円
分け目や筋目をつけるのに重宝される柄がついたつげ櫛。男性女性ともに愛用者が多い

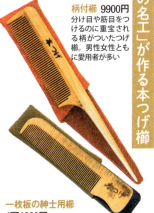

**一枚板の紳士用櫛**
4万4000円
歯のある下の板とその上の部分の板を接着した2枚板が一般的。しかしこの櫛は木目重視に1枚板仕上げ

### 「現代の名工」が作る本つげ櫛

### 上質が極まる逸品

### 櫛留商店
くしとめしょうてん

名古屋城周辺　MAP 付録P.2 C-1

三重県で櫛作りの修業を積んだ初代が明治36年（1903）に名古屋で開業。大相撲力士や歌舞伎役者に用いられる櫛を作っている。櫛にこだわる人向けに一般用の櫛も多数取り揃えている。

☎052-991-3759
所 北区駒止町1-60
営 10:00〜18:00
休 不定休
交 地下鉄・黒川駅から徒歩12分　P あり

## 茶の湯文化が育てた和菓子の数々
# 7軒の伝統銘菓

江戸時代より華やかな芸事や豊かな食文化が根づいた名古屋。特に茶の湯文化は隆盛を極め、茶席用の和菓子も発達。上品ながらも親しみのある色や形が町人文化を物語っている。

**A をちこち** 918円(半棹)
大納言小豆の上品でやさしい甘さと餡村雨のしっとり感が楽しめる棹菓子

## 買う

### A 両口屋是清 本町店
りょうぐちやこれきよ ほんまちてん
丸の内 MAP 付録P.10 C-2

**名古屋を代表する老舗の味**

寛永11年(1634)創業。かつて尾張藩の御用菓子を務めた歴史を持つ和菓子屋。手みやげ菓子から茶席向けの上生菓子まで、豊富なラインナップを誇る。
☎052-962-7011
所 中区丸の内3-22-6
営 9:00〜18:00 休 日曜
交 地下鉄・丸の内駅から徒歩5分 P あり

**A 二人静** 2052円(平箱2入り40粒)
可憐な花を思わせる、やさしい口どけの紅白一対の和三盆糖の干菓子

**A 千なり** 1890円(10個)
たっぷりのつぶ餡をふんわり生地で挟んだ手みやげの定番品。3種類の味が楽しめる

### B 美濃忠
みのちゅう
丸の内 MAP 付録P.9 F-1

**長い歴史に培われた蒸し菓子**

尾張藩の御用菓子司筆頭だった桔梗屋の流れをくみ、安政元年(1854)の創業から今日に至るまで、名古屋地域特有である棹菓子を作り続けている。
☎052-231-3904
所 中区丸の内1-5-31
営 9:00〜18:00 休 無休 交 地下鉄・丸の内駅⑧番出口から徒歩2分 P あり

**B 雪花の舞** 216円(1個)
なめらかな黄身餡を伊勢芋入りの生地で包んだ上品な甘さのお菓子

**B 栗羊羹** 2484円(1本)
ゴロゴロとたっぷり加えた特選栗と風味豊かな小豆との相性は抜群

### C 芳光
よしみつ
白壁周辺 MAP 付録P.7 E-2

**茶人お墨付きの上生菓子**

昭和39年(1964)創業。京都の名店「塩芳軒」で修業した先代店主が改良を重ね限界までやわらかくしたわらび餅は売り切れる場合もあるので電話での予約がおすすめ。
☎052-931-4432
所 東区新出来1-9-1 営 9:00〜17:30 休 日曜、第3月曜 交 名鉄・森下駅から徒歩13分 P あり
※地方発送不可

**C わらび餅** 330円(1個)
本わらび粉使用の生地で自家製こし餡を包む。10〜6月限定

**C 椿餅** 340円(1個)
つぶ餡を羽二重餅でくるみ、表面を寒天液で覆っている。季節限定

**D** 大納言最中 141円（1個）
もち米100%の最中種に北海道産大納言小豆をふんだんに詰めた看板商品

**D** もなか屋の小倉トースト 1080円（5個）
バター風味の最中種から作る種パンに粒あんをのせて食べる名古屋みやげの新定番

 **D 不朽園**
ふきゅうえん
金山 MAP 付録P.16A-1

### 職人技が光る最中種と餡

名古屋で最中といえばここというほど絶大な人気を誇る。木造瓦根の風情ある本店は、地域建造物資産にも認定。店頭ではできたての最中も味わえる。
☎052-321-4671
所中川区尾頭橋3-4-8 営7:00～19:00
休水曜（祝日や行事の際は変更あり）
交各線・金山駅から徒歩10分　Pあり

**E** 栗饅頭 270円（1個）
ハチミツ風味の白餡と大粒の栗を包み込んだ昔懐かしい味わい

**E** 一ロういろ 540円（5個）
白・桜・栗入り抹茶・小豆・黒砂糖味。食べやすいサイズが好評

**E 雀おどり總本店**
すずめおどりそうほんてん
栄 MAP 付録P.13D-1

### 鮮度の良い日常使いのお菓子

創業160年を超える老舗。老若男女わず楽しめ、地元に愛されてきた銘菓が揃う。本店の甘味処では、ういろやあんみつ、わらび餅などが味わえる。
☎052-241-1192
所中区栄3-27-15
営10:30～19:00　休無休
交地下鉄・矢場町駅から徒歩5分　Pなし

**F** 献上外良 1080円～（1棹）
昔と変わらぬ製法で作られる、もっちりとしながら歯切れのよい食感

**F** わらびういろ 675円（5個）
わらび餅とういろの食感を合わせ持つ人気商品。好みできな粉と黒蜜をかけて食べる

**F 餅文総本店**
もちぶんそうほんてん
熱田周辺 MAP 付録P.2C-3

### 江戸より続く名古屋ういろの元祖

万治2年（1659）創業。尾張藩の御用商人だった初代餅屋文蔵が、藩主に仕えた明の文人・陳元贇からういろの製法を伝授されたのが始まりとされる。
☎052-691-5271
所南区豊2-36-24
営9:00～18:00　休無休
交名鉄・道徳駅から徒歩7分　Pあり

**G** フルーツ餅（イチゴ）292円～（1個）
イチゴやモモなど季節ごとに厳選したフルーツをふわふわの羽二重餅で包んだ大福

**G** フルーツ水羊羹 495円～（1個）
みずみずしく喉ごしのよい水羊羹に旬のフルーツを合わせた花桔梗を代表する夏の涼菓

**G 菓匠 花桔梗 本店**
かしょう はなききょう ほんてん
瑞穂 MAP 付録P.2C-2

### 洗練されたフォルムと自然な色合い

尾張徳川家の御用菓子司「桔梗屋」をルーツに持つ和菓子店。伝統を継承しながらも、現代的なセンスを追求した繊細かつ優美な色合いの和菓子を提供。
☎052-841-1150
所瑞穂区汐路町1-20
営10:00～19:00　休無休
交地下鉄・桜山駅から徒歩8分　Pあり

7軒の伝統銘菓

## 有名パティシエが創造するアートを堪能
# 洗練をまとう絶品スイーツ

名古屋駅周辺の駅ビルには、華のある高級スイーツが並び、覚王山や本山に足をのばせば、話題のケーキやタルトに出会える。どれも宝石のように輝く逸品だ。

**A エクレア（テイクアウト）810円**
キャラメル、チョコレート、バニラなど以外に限定品も登場する

### A ピエール マルコリーニ 名古屋
ピエールマルコリーニ なごや

**名古屋駅周辺 MAP 付録P.9 D-3**

**大人のチョコレートを堪能**
ベルギー王室御用達ショコラティエ。厳選したカカオと、素材にこだわったスイーツが豊富に揃う。
➡P.42

**A セレクション 8個入り 3267円**
人気のチョコレートの詰め合わせ。内容が変わる場合もあり

**A ケーク ショコラ マンディアン 2484円**
濃厚なチョコレートのパウンドケーキにドライフルーツ、ナッツをあしらっている

### B ミッシェル・ブラン

**名古屋城周辺**
**MAP 付録P.2 B-1**

**手作りのクオリティを守る**
フランスの至宝とされるパティシエ。なめらかさと繊細な味わいが特徴だ。

☎052-325-3905 ㊟西区児玉3-6-11
🕙10:30〜19:00
休火曜（季節により変動あり） 地下鉄・浄心駅から徒歩13分 Pあり

**B マカロンビスコッティグラン 1200円**
マカロン生地に発酵バターをかけて二度焼き。サクッとした食感とアーモンドの風味豊かな味わい

**B ミッシェル・ブラン4 1700円**
繊細な甘みと素材の風味が溶け合った、口どけなめらかなショコラ

**B ドゥショコ 630円**
ミッシェル・ブランを最も端的に表現したガトー。ミルクチョコとビターチョコのムースが濃厚で絶妙なバランス

### C pâtisserie Sadaharu AOKI paris
ジェイアール名古屋タカシマヤ店
パティスリー サダハル アオキ パリ
ジェイアールなごやタカシマヤてん

**名古屋駅周辺 MAP 付録P.8 C-3**

**伝統的技法に加わる独創性**
パリを拠点に活躍するパティシエ・青木定治氏のブティック。カラフルな色彩とスタイリッシュなスイーツが人気。

☎052-566-1101（大代表）
㊟中村区名駅1-1-4ジェイアール名古屋タカシマヤB1 🕙10:00〜20:00
休不定休 各線・名古屋駅からすぐ
Pタワーズ一般駐車場利用

**C ボンボン ショコラ 6048円（12個入り）**
パリから直輸入している。味によってショコラの原料を巧みに峻別。ヴィヴィッドな色彩が目を奪う

**C マカロン 2247円（5個入り）**
独自の配合比と製法で作り上げる、青木氏の看板商品

**D ロカイユ**
各324円
看板メニューの「ロカイユ」は、ふわふわのメレンゲをじっくり焼き上げた伝統菓子

**D ミルフィーユショコラ**
735円
サクサクのパイ生地にショコラティエのガナッシュクリームを挟んだ一品

**D ショコラ**
4428円(10個入り)
ジュヴォー自慢のボンボンショコラの詰め合わせ

**E アルティム・ショコラ**
880円
セモア社の2種類のショコラとタヒチ産バニラを使用した新作のチョコレートケーキ

**E エクレール・オ・ブールサレ**
490円
この店定番の、濃厚なキャラメルのエクレアの上にフランス産AOPバターをトッピング

**F カシス・バニーユ**
690円
マスカルポーネのクリームにバニラ風味のガナッシュを入れ、タルトにもバニラを使用

**F ミルフィーユ**
650円
香ばしいパイ生地の食感に濃厚なムースリーヌが絶妙にマッチ。ほのりラム酒の香り

**E クー・デ・ボワ**
580円
ダックワーズ生地にバニラのババロワ、中央にベリーのジュレを忍ばせたケーキ

**F ヌガー・プロヴァンサル**
690円
フランボワーズハチミツのムースとアーモンドヌガーやフルーツコンフィのムースが層に

---

## D ラ・メゾン・ジュヴォー
名古屋駅周辺
MAP 付録P.8 C-2

### 南仏発の本格パティスリー
まばゆいばかりのプチガトー、ショコラなどがショーケースに並び、クロワッサンなども購入できる。

➡ P.42

## E シェ・シバタ
覚王山 MAP 付録P.14 B-2

### 世界が注目するパティスリー
国内外で活躍する柴田武氏の直営店。2021年2月にリニューアルオープン。宝石のようなケーキがショーケースを飾る。店内にはイートインスペースも完備。
☎052-762-0007 所千種区山門町2-54 営10:00〜19:00 休火曜 交地下鉄・覚王山駅から徒歩2分 Pなし

## F パティスリー グラム
本山 MAP 付録P.15 F-2

### ホテル修業のシェフの店
本山の猫洞通の閑静な住宅地の一角にある小さなパティスリー。一流ホテルで11年修業を積んだシェフによるスイーツが並ぶ。
☎052-753-6125
所千種区猫洞通2-5 1F
営10:00〜17:00 休火・水曜 交地下鉄・本山駅から徒歩15分 Pあり

洗練をまとう絶品スイーツ

# 名古屋駅周辺で名菓&名産を探す
## 味みやげ Selection

ロングセラーの郷土菓子や八丁味噌を使った名古屋の味。
移動の合間でも気軽に買える名古屋駅周辺の店でセレクト。

**Ⓐ Ⓑ Ⓔ**
**青柳 小倉サンド**
972円（5個入り）
名古屋のモーニングで定番の小倉トーストをクッキーサンドにした一品。職人の手仕事によって仕上げられた素朴な味わい
青柳総本家

**Ⓒ**
**レガル・ド・チヒロ シュクレ缶**
5211円
一枚一枚丹精込めて焼きあげた、REGAL（おいしいごちそう）という名のクッキー
CAFÉ TANAKA

**Ⓒ**
**ビスキュイ・シンプリシテ**
2997円
バターをはじめ、素材にこだわり、シンプルを極めた素朴ながらも贅沢な仕上がり
CAFÉ TANAKA

**Ⓐ Ⓑ Ⓒ Ⓓ Ⓔ**
**カエルまんじゅう**
864円（6個）
愛らしいカエルは青柳総本家のロゴマークがモチーフ。こし餡たっぷり
青柳総本家

**Ⓐ Ⓑ Ⓒ Ⓓ**
**ゆかり黄金缶**
918円（10枚）
1枚の約7割にエビを使用した贅沢なせんべい。黄金缶パッケージは名古屋地区限定
坂角総本舗

**Ⓐ Ⓑ**
**大須ういろバー**
756円（5本）
一口サイズのういろにアイスのバーをつけたユニークな逸品。見た目も可愛くて手も汚れないと人気
餅文総本店

**Ⓐ Ⓑ**
**なごやん**
1260円（14個入り）
昭和33年（1958）誕生の銘菓。カステラ生地になめらかな黄味餡を包んだやさしい味わい
敷島製パン（Pasco）

**Ⓐ Ⓑ Ⓒ Ⓔ**
**一口生ういろ**
540円（5個入り）
もっちり食感、一口タイプのういろ。食べやすい個包装で5種類の味が楽しめる
餅文総本店

## おみやげはココで購入

### Ⓐ グランドキヨスク名古屋
グランドキヨスクなごや

名古屋駅 MAP 付録P.8 C-3

中央改札口前にある大型キヨスク。駅構内最大規模の面積を誇り、地元老舗の和菓子などのみやげ品や駅弁が豊富に揃う。

☎052-562-6151（名古屋店長室）
所 中村区名駅1-1-4 JR名古屋駅構内
営 6:15～22:00　休 無休
交 JR名古屋駅構内　P なし

### Ⓑ ギフトキヨスク名古屋
ギフトキヨスクなごや

名古屋駅 MAP 付録P.8 C-3

新幹線改札口に近い中央コンコースにある大型キヨスク。地元名菓はもちろん、生菓子も多く取り扱う。早朝から営業しているので便利。

☎052-562-6151（名古屋店長室）
所 中村区名駅1-1-4 JR名古屋駅構内
営 6:30～22:00　休 無休
交 JR名古屋駅構内　P なし

### Ⓒ ジェイアール名古屋タカシマヤ
ジェイアールなごやタカシマヤ

名古屋駅周辺 MAP 付録P.8 C-3

地下1・2階に名古屋グルメの惣菜や弁当、話題の洋菓子店など多彩な店が集結。カクキューや大和屋、赤福などの東海の味コーナーも。

☎052-566-1101（大代表）
所 中村区名駅1-1-4 ジェイアール名古屋タカシマヤB2-B1
営 10:00～20:00　休 不定休
交 各線・名古屋駅からすぐ
P タワーズ一般駐車場利用

※表示価格は販売店により異なる場合があります

**B C D**
海老づくし
3780円(2カップ11袋)
桂新堂を代表する海老菓子の「あられ焼き」「姿焼き」「炙り焼き」の詰め合わせ。
桂新堂

**C E**
三河産大豆使用
八丁味噌(カップ)
696円(300g)
伝統製法の八丁味噌。濃厚なコクがあり、料理の隠し味にも最適
カクキュー八丁味噌

**C**
名古屋コーチン味淋粕漬
1350円(100g)
守口漬の大和屋が漬ける技を応用して作った味淋粕漬。じっくりと漬け込んだ名古屋コーチンは、旨みと弾力に富んだ歯ごたえが絶妙
六行亭

**A B C D E**
守口漬(銀袋)
864円(120g)
酒粕の芳醇な香りが堪能できる特産品
大和屋守口漬総本家

**C D E**
つけてみそ
かけてみそ
387円
地元住民御用達の万能調味料。おでん、とんかつ、焼きナスなどにかければ、たちまち名古屋の味に早変わり
ナカモ

**C E**
味噌カツのたれ
540円(320g)
味噌としょうがが合わさったさわやかな風味。炒め物などにも使用できる
カクキュー八丁味噌

**C D**
生みそ煮込みうどん詰合せ
918円
名古屋名物の味噌煮込みうどんを家庭で味わえるセット。八丁味噌ベースのつゆは秘伝の調合
山本屋総本家

**C D**
三州三河みりん
1122円(700㎖)
原料はもち米、米麹、本格焼酎のみ。日本伝統の醸造技術でキレのある上品な甘さ、コクを引き出した本格みりん
角谷文治郎商店

**C**
みそおでん
864円
ゆで玉子、さつまあげ、こんにゃく、焼きちくわを秘伝の味噌で煮込んだ旨みとコクが詰まった一品
山本屋総本家

**A C D E**
金しゃちビール
346円〜(税別、330㎖)
地元名産の赤味噌を使った味わい豊かなビールなど個性豊かなラインナップを誇る地ビール
盛田金しゃちビール

味みやげ Selection

**D 名鉄百貨店 本店**
めいてつひゃっかてん ほんてん
名古屋駅周辺 MAP 付録P.8 C-4
地元の老舗百貨店。本館地下1階のスイーツステーション内に約40を超える和洋菓子の店が並ぶ。そのなかに名古屋名菓(菓乃舎)ブースも。
☎052-585-1111(代表)
所 中村区名駅1-2-1  10:00～20:00  休 不定休  各線・名古屋駅からすぐ  P 名鉄スカイパーキングほか契約駐車場利用

**E エスカ**
名古屋駅周辺 MAP 付録P.8 B-3
名古屋駅西口の駅前広場地下商業施設。新幹線口に最も近く、みやげ物店のほか喫茶店や味噌カツといったなごやめしの店も勢揃い。
☎052-452-1181  所 中村区椿町6-9先
10:00～20:30(店舗により異なる)
休 2月第3木曜、9月第2木曜
各線・名古屋駅からすぐ  P あり

## 旅の最後のお楽しみ
# 名古屋駅で買える お弁当

ひつまぶしや味噌カツ、天むすなど、個性豊かな食文化を誇る名古屋。旅の最後の食事は、ご当地の味が凝縮したお弁当を堪能したい。

### ひつまぶし巻き 1100円
ウナギが入った海苔巻き。カットされているので、食べやすいのもうれしい
●名古屋だるま

### 純系名古屋コーチンとりめし 1100円
名古屋名物の名古屋コーチンを使用。名古屋コーチンの照り焼きと同じ鶏のだしで炊いた鶏飯も美味。つくねと味噌焼きが新たに加わった
●名古屋だるま

### ぴよりん弁当 1350円
オムライスとお惣菜でぴよりんをイメージした幅広い世代に愛されるお弁当。「名古屋コーチン」を取り入れ、名古屋らしさを楽しめる。食後のぴよりんキャンディ入り
●松浦商店

### びっくりみそかつ 1200円
迫力満点の大きな味噌カツが入ったボリュームたっぷりの人気駅弁
●名古屋だるま

### 天むす 780円
コーン油でからりと揚げたエビ天、三重県産コシヒカリ、九州有明海産の海苔を使い、熟練職人の絶妙な握り加減が光る
●元祖めいぶつ天むす 千寿

### 復刻弁当 870円
昭和初期の幕の内弁当を復刻。さばの照り焼き、白身魚フライ、牛肉の炒め煮など、味わい深い
●松浦商店

### 天下とり御飯 1240円
90年以上松浦商店独自の製法で毎日ていねいに作りあげるきめ細かい玉子そぼろが自慢のとり御飯弁当
●松浦商店

# HOTELS Nagoya

## 泊まる

華やかな夜景と朝の爽快な眺めが
満喫できる高層ホテル、
極上の癒やしをもたらす
エステやスパが充実のホテル。
都市での滞在にふさわしい
スタイリッシュな空間と機能美、
手厚いホスピタリティが
上質な旅を実現させてくれる。

非日常の時間と空間で心と体が潤う至福

## 快適な空間と贅沢なサービスで安らぐ
# 名門ホテルで過ごす特別な夜

ロビーに足を踏み入れた瞬間に広がる別世界。
旅の高揚感と非日常感をさらに演出してくれる
至高のホスピタリティで、極上ステイを堪能。

泊まる ● 名古屋ステイ

### 名古屋市街を眼下に見下ろす高層階に広がる上質ステイ

## 名古屋マリオットアソシアホテル
なごやマリオットアソシアホテル

**名古屋駅周辺** MAP 付録P.8 C-3

名古屋駅の真上、JRセントラルタワーズホテル棟の15〜52階に位置する抜群のアクセスながら別世界の静けさ、和室や9種類のスイートルームなど多様な客室が魅力。和、仏、中、鉄板焼きなど、8つのレストランとバーが揃う。

☎ 052-584-1111(代表)
所 中村区名駅1-1-4 JRセントラルタワーズ15-52F
交 各線・名古屋駅からすぐ
P あり(有料) in 15:00 out 12:00
室 769室 予算 ダブル2万6000円〜、ツイン4万3000円〜

1. 広さ約38㎡のデラックスツイン。バスルームにはシャワーブースを設置している
2. 客室はすべて20階以上にあり、華やかな名古屋の夜景を一望することができる
3. 高級感が漂う15階のフロント
4. キュイジーヌ・ナチュレル(自然と同化した料理)がポリシーのフランス料理「ミクニナゴヤ」
5. アール・ヌーヴォーの雰囲気に満ちた店内

名古屋駅と栄の中間に建つ
インターナショナルホテル

## ヒルトン名古屋
ヒルトンなごや

伏見 MAP 付録P.9 F-4

名古屋城から着想を得た和テイストの洗練されたデザインが採用された。館内のレストラン、バーはすべてヒルトン直営。宿泊客は屋内プールとジムが無料で利用可能。

☎052-212-1111
所 中区栄1-3-3 交 地下鉄・伏見駅から徒歩3分 P あり(有料) in 15:00 out 12:00
室 460室
予約 シングル2万2374円〜、ツイン3万1075円〜

名門ホテルで過ごす特別な夜

1. 名古屋城の屋根や石垣、侘び寂びの世界を意識したプレミアムエグゼクティブツイン
2. パノラマビューとともに、カクテルメニューなどが楽しめるエグゼクティブラウンジ
3. スタイリッシュなパールホワイトの建物
4. 目の前で焼き上げる炎のエンターテインメント・鉄板焼きは3階の日本料理「源氏」で
5. 最新トレーニングマシーン、屋内温水プール、サウナなどを完備したフィットネスセンターは2020年に改装
6. 1階インプレイス3-3では、食材へのこだわりにあふれたプレミアムビュッフェが楽しめる

### 名古屋駅から徒歩圏内
### 心からくつろげる大人の空間

## ザ サイプレス
## メルキュールホテル名古屋
ザ サイプレス メルキュールホテルなごや

**名古屋駅周辺 MAP 付録P.8 C-2**

洗練されたヨーロピアン調の館内、観光からビジネスまで目的に合わせて選べる客室が充実。ゆとりある大きめのベッドサイズが完備され、寝心地のよさも抜群。2023年秋には、7〜11階の客室など、一部がリニューアル。

☎ 052-571-0111
所 中村区名駅2-43-6
交 各線・名古屋駅から徒歩4分
P あり(有料、高さ制限あり)
in 15:00 out 12:00
室 115室(禁煙99室、喫煙16室)
予算 スタンダードダブル9165円〜、デラックスツイン1万1390円〜 ※1泊朝食付

1. 2台のベッドを寄せて、空間を贅沢に利用できるハリウッドタイプ・デラックスツイン
2. 華やかな花がお出迎えするロビー
3. ホテル内にはレストランが2つ、宴会場が3つあり、旬の食材や地元の食材を使ったフランス料理ベースの洋食が味わえる

### トレインビューや夜景など
### 絶景を楽しむ天空のホテル

## 名古屋プリンスホテル
## スカイタワー
なごやプリンスホテル スカイタワー

**名古屋駅周辺 MAP 付録P.2 B-2**

名古屋駅から一駅「ささしまライブ駅」直結のホテルで、デザインコンセプトは「空の浮きふね」。客室は地上32〜36階にあり、鉄道が発着する名古屋駅や高層ビル群が見える客室、名古屋港方面を望む客室など多彩。

☎ 052-565-1110
所 中村区平池町4-60-12
交 あおなみ線・ささしまライブ駅直結
P あり(有料) in 15:00 out 12:00
室 170室(全室禁煙)
予算 シングル・ツイン1万7857円〜

1. 31〜36階の高層階に位置する
2. ライブキッチンやフォトジェニックなジェラートが人気のSky Dining 天空
3. 名古屋ステーションビューの客室は船のキャビンがコンセプトになっている

## 格調高い国際級ホテルで
## ヨーロピアンエレガンスを堪能

# 名古屋東急ホテル
なごやとうきゅうホテル

栄 **MAP** 付録P.11 F-4

機能性に優れたスタンダードルームから優雅なモダンクラシカルのスーペリアフロアなど、変化に富んだ客室タイプを誇る。多彩なレストラン、カフェ、バーとショップが揃い、上質なおもてなしで迎えてくれる。

☎052-251-2411
所 中区栄4-6-8　交 地下鉄・栄駅から徒歩8分　P あり(有料)　in 15:00　out 12:00
室 564室(禁煙516室、喫煙48室)　予算 シングル2万4000円〜、ツイン2万9500円〜

1.「モンマルトル」で人気のローストビーフ
2.広小路通沿いの便利な立地
3.伝統と現代のエッセンスが融合したフレンチが楽しめるレストラン「ロワール」
4.パリのエスプリが効いたカジュアルダイニングレストラン「モンマルトル」
5.スタイリッシュモダンなホテル最上位クラスのエグゼクティブフロアにある、家具やベッドなど、細部までこだわった上品な客室。専用ラウンジをはじめさまざまな特典が利用できる

## 名古屋の副都心にそびえる
## ワンランク上の贅沢ステイ

# ANAクラウンプラザホテル
# グランコート名古屋
エーエヌエークラウンプラザホテルグランコートなごや

金山 **MAP** 付録P.16 B-1

館内はスタイリッシュなニューヨークテイスト。高層階からは名古屋市街、飛騨山脈、名港トリトンを一望できる絶好のロケーション。名古屋駅や中部国際空港へのアクセスも抜群。

☎052-683-4111
所 中区金山町1-1-1　交 各線・金山駅からすぐ　P あり(金山駅南駐車場利用、有料)　in 15:00　out 12:00
室 245室(禁煙201室、喫煙44室)　予算 ベストフレキシブル料金※HPなどで要確認

1.スイートクラスの広さ(42㎡)を誇るエグゼクティブダブル
2.ラウンジのほかペストリーコーナーも併設するロビー
3.金山駅南口に位置する地上30階の高層ホテル
4.ふた月ごとに内容が変わるフェア料理
5.フレンチベースのフュージョン料理が楽しめるレストラン「スターゲイト」

名門ホテルで過ごす特別な夜

名古屋随一の歴史と伝統が息づく
クラシックとモダンが融合したホテル

## 名古屋観光ホテル
なごやかんこうホテル

伏見 MAP 付録P.10A-4

「ウェルネスな大人の時間を過ごす」をテーマにした優雅なスイートフロアから機能的なコンフォートフロアまで多彩なスタイルをご用意。和の伝統美が華を添える日本料理店をはじめ、カジュアルモダンなブラッセリーなど、シーンに合わせた空間と美食を心ゆくまで。

☎052-231-7711
所 中区錦1-19-30
交 地下鉄・伏見駅からすぐ ❿あり
in 15:00 out 12:00 室257室
予算 シングル2万2770円〜、ダブル3万360円〜、ツイン3万4155円〜

1. 国内外の賓客も宿泊したホテル
2. 選りすぐりの食材を目の前で焼き上げる、鉄板焼「昇龍」
3. オーセンティックでクラシカルな気品あふれる空間

泊まる●名古屋ステイ

## アクセス抜群の宿泊先
# ホテルリスト

アメニティが充実している宿や館内の食事が好評な宿など、カジュアルながらホスピタリティあふれる滞在先を選びたい。

### 名古屋JRゲートタワーホテル
なごやジェイアールゲートタワーホテル

**名古屋駅直結!**
JRゲートタワー(P.34)ビル内に位置する。ビジネス・レジャーへの利便性の高いくつろぎのホテル。

名古屋駅周辺 MAP 付録P.8 C-3

☎052-566-2111 所 中村区名駅1-1-3 交 各線・名古屋駅直結
❿あり(タワーズ一般駐車場利用、有料) in 15:00 out 11:00
室350室(全室禁煙) 予算 ダブル1万3500円〜、ツイン1万8000円〜

### サイプレスホテル名古屋駅前
サイプレスホテルなごやえきまえ

**海外リゾートに来た気分に**
旧サンルートプラザ名古屋。吹き抜けのロビーから自然光が差し込む心地よい空間が広がる。

名古屋駅周辺 MAP 付録P.8 C-2

☎052-571-2221 所 中村区名駅2-35-24 交 各線・名古屋駅から徒歩5分 ❿あり(有料) in 14:00 out 11:00 室275室(禁煙166室、喫煙109室) 予算 シングル1万1550円〜、ツイン2万2000円〜

### ザ ロイヤルパーク キャンバス 名古屋
ザ ロイヤルパーク キャンバス なごや

**旅の疲れを癒やす環境が充実**
桜通沿いに立地し、自由で創造的な時間を提案する新しいスタイルのホテル。

名古屋駅周辺 MAP 付録P.9 D-3

☎052-300-1111 所 中村区名駅3-23-13
交 各線・名古屋駅から徒歩5分 ❿なし in 15:00 out 11:00
室153室(全室禁煙) 予算 シングル2万円〜、ツイン3万3000円〜

### ホテルトラスティ名古屋 栄
ホテルトラスティなごやさかえ

**観光もビジネスも好アクセス**
最寄り駅から徒歩1分にありながら、街の喧騒から離れたくつろぎの時間を過ごせる。

栄 MAP 付録P.11 D-3

☎052-968-5111 所 中区錦3-15-21 交 地下鉄・栄駅から徒歩1分
❿あり(有料) in 15:00 out 11:00 室204室(禁煙151室、喫煙53室) 予算 ダブル1万6000円〜、ツイン2万円〜

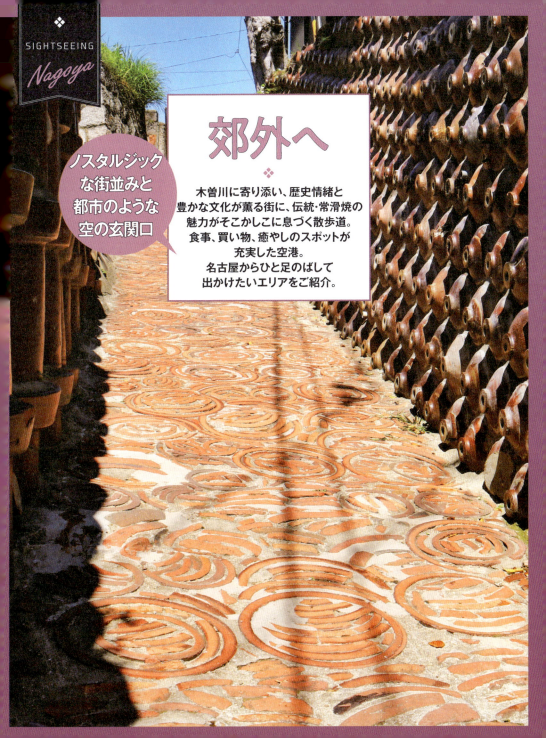

SIGHTSEEING
Nagoya

ノスタルジックな街並みと都市のような空の玄関口

# 郊外へ

木曽川に寄り添い、歴史情緒と豊かな文化が薫る街に、伝統・常滑焼の魅力がそこかしこに息づく散歩道。食事、買い物、癒やしのスポットが充実した空港。名古屋からひと足のばして出かけたいエリアをご紹介。

# 戦国の世から明治まで、歴史と文化が交差する地
## 犬山（いぬやま）

織田信長、豊臣秀吉、徳川家康、戦国の三英傑が
各時代に攻略した歴史を持つ国宝・犬山城。
古来より、交通、物流、政治の要とされ、
歴史の足跡が今も数多く残っている。

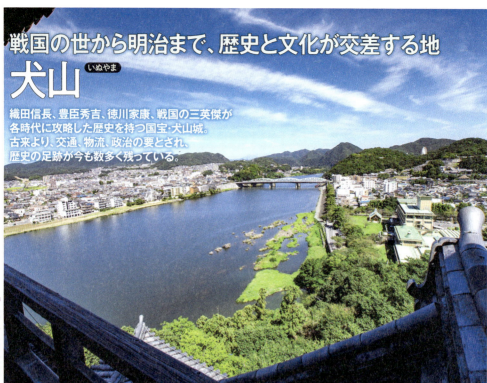

○犬山城天守からの眺めは格別。眼下を流れる木曽川、岐阜城、名古屋駅周辺の高層ビル群ほか、晴れた日には長野県の御嶽山までも見渡せるという

### 城郭建築から茶室、近代建築まで日本の歴史的建造物が市内に集結

　愛知県北西部、木曽川が濃尾平野へ流れ出る位置に広がる犬山市は、国宝犬山城とその城下町の発展とともに形成された。本町通りを中心とする城下町の歴史的街並みを散策したり、勇壮な犬山祭、木曽川鵜飼など、文化財にも指定された連綿と続く伝統行事が、今も多くの観光客を集めている。近代日本建築の粋が集結した博物館 明治村や国宝如庵のある日本庭園 有楽苑なども訪ねたい。

### 交通 information

電車 名鉄名古屋駅から名鉄犬山線・快速特急で**犬山駅まで26分**
車 名古屋駅から名古屋高速都心環状線、名古屋高速11号小牧線、国道41号、県道27号経由で**45分**

○犬山城を背景に打ち上げられる花火

↑桜の時期には犬山城北側の清流木曽川河畔一帯に約400本のソメイヨシノが咲き誇る

## 木曽川の絶景を一望する
## 戦国時代創建、唯一無二の天守
# 国宝 犬山城
こくほう いぬやまじょう

天文6年(1537)に織田信長の叔父・信康によって築城されたといわれる。木曽川のほとりにある小高い山に築かれた堅牢な城は戦国時代より合戦の舞台となり、めまぐるしく城主を変えた。日本最古の天守とされ、昭和10年(1935)国宝に指定。

↑2階は武具の間を囲むように武者走りがめぐる

↑石垣からの侵入者を防ぐ石落とし

**MAP** 本書P.142 A-1
☎0568-61-1711(犬山城管理事務所)
所犬山市犬山北古券65-2 開9:00~17:00(入場は~16:30) 休12月29~31日 料550円
交名鉄・犬山駅から徒歩20分 Pあり(有料)

## 織田信長の実弟が建てた茶室
## 美しい庭園の風情を楽しむ
# 日本庭園 有楽苑
にほんていえん うらくえん

国宝 犬山城の東に位置する日本庭園 有楽苑。織田有楽斎が建てた日本三名席のひとつである国宝茶室・如庵のほか、重要文化財の旧正伝院書院、古図によって復元した元庵や新しく建てられた弘庵などが配されている。

↑重要文化財旧正伝院書院(手前)と国宝茶室・如庵(奥)

↑国宝茶室・如庵は昭和47年(1972)に犬山へ移築された

**MAP** 本書P.142 B-1
☎0568-61-4608
所犬山市御門先1 開休料P要問い合わせ
交名鉄・犬山遊園駅から徒歩8分
営業情報については公式HPまたは電話にて要確認

## 江戸期の建築様式を今に伝える
## 登録有形文化財の商家
# 旧磯部家住宅
きゅういそべけじゅうたく

呉服やお茶の販売を手がけた商家で、主屋は幕末の慶応年間(1865~68)築。狭い間口に対し奥行きは細長い、江戸時代の商家特有のうなぎの寝床。

**MAP** 本書P.142 A-2
☎0568-65-3444 所犬山市犬山東古券72
開9:00~17:00(入館は~16:30)
休12月29~31日 料無料
交名鉄・犬山駅から徒歩10分 Pなし

↑ゆるやかなふくらみの起(むく)り屋根が現存

↑往時の商家の暮らしぶりが見てとれる

### 城下町のメインストリート
# 本町通り
ほんまちどおり

本町通り交差点から針綱神社まで続く犬山城下町のメインストリート。登録文化財の商家や車山蔵をはじめ、町家を活用したカフェやみやげ物屋が歴史的景観をつくり出している。

**MAP** 本書P.142 A-2
☎0568-61-6000(犬山駅観光案内所)
所犬山市犬山城下町地区 交名鉄・犬山駅から徒歩10分 Pなし

↑電線が埋設され、より情緒ある空間に

## 武家・町人文化が花開いた犬山の歴史をガイダンス
# 城とまちミュージアム
しろとまちミュージアム

旧犬山城主・成瀬家がかつて所有していた古文書や美術工芸品、犬山の歴史資料を展示。巨大ジオラマは、天保11年(1840)の旧暦8月28日の犬山祭当日を再現したもの。

MAP 本書P.142 A-1

☎0568-62-4802 所犬山市犬山北古券8 営9:00〜17:00(入館は〜16:30) 休12月29〜31日(展示物の変更による休館あり) 料300円 交名鉄・犬山駅から徒歩15分 Pあり

➡テーマを設け企画展を年に数回開催

➡江戸時代の城下町を再現した巨大ジオラマ

## 豪華絢爛な車山を間近に 光と音で犬山祭の一日を演出
# どんでん館
どんでんかん

毎年4月開催の国の重要無形民俗文化財「犬山祭」の車山を4輌展示(修理などにより3輌以下の場合あり)。車山をかけ声とともに180度回転させることを「どんでん」と呼ぶ。

MAP 本書P.142 A-2

☎0568-65-1728 所犬山市犬山東古券62 営9:00〜17:00(入館は〜16:30) 休12月29〜31日 料100円 交名鉄・犬山駅から徒歩10分 Pなし

➡車山には365個の提灯がともる

## 1300年続く伝統漁法 犬山の夏の風物詩
# 木曽川鵜飼
きそがわうかい

鵜匠が手縄をつけた10羽の鵜に魚を捕らせる伝統漁。夜の鵜飼では、鵜舟の焚くかがり火がゆらめく幻想的な光景が眼前に広がる。

MAP 本書P.142 B-1

☎0568-61-2727(木曽川観光株式会社) 所犬山市犬山北白山平2番地先 営6月1日〜10月15日昼11:30〜、夜17:45(9・10月は17:15)〜、または19:00(9・10月は18:30)〜 ※要予約 休無休(台風や増水時の休業あり) 料昼6000円(食事付)、夜3500円(食事代は別途) 交名鉄・犬山遊園駅から徒歩3分 Pあり

➡昼の鵜飼も全国に先駆けて実施

➡夜の船上食事プランの一例。寅屋の「わん丸君御膳」2500円(2名以上)

### 立ち寄りスポット

## 香味茶寮 壽俵屋 犬山井上邸
こうみさりょう じゅひょうや いぬやまいのうえてい

守口漬、奈良漬で知られる「壽俵屋」直営の食事処。地元食材と漬物とのオリジナルメニューが人気。

MAP 本書P.142 A-2

☎0568-62-7722 所犬山市犬山西古券6 営10:00〜17:00 休無休 交名鉄・犬山駅から徒歩10分 Pあり

➡守口漬と奈良漬を挟んだ醤油おこげ串200円

### 四季を愛でる犬山の名所へ

## 木曽川遊歩道
きそがわゆうほどう

犬山遊園駅から犬山城へ続く木曽川沿いの遊歩道。春は400本の桜が満開を迎え、お花見人力車も行き交う。

MAP 本書P.142 B-1

☎0568-61-6000(犬山駅観光案内所) 所犬山市犬山 交名鉄・犬山遊園駅から徒歩3分 Pなし

## 犬山寂光院
いぬやまじゃっこういん

「凛」とした霊気あふれる、尾張最古刹の千手観音霊場。別名「尾張のもみじでら」と呼ばれ、秋には約1000本のモミジが色鮮やかに染まる。

MAP 本書P.2 A-2

☎0568-61-0035 所犬山市継鹿尾杉ノ段12 営8:00〜17:00 休無休 料無料 交名鉄・犬山遊園駅から徒歩20分 Pあり(一部有料)

## 小島醸造
こじまじょうぞう

尾張最古の銘酒とされる蕙芝酒は、忍冬(スイカズラ)の花と米のリキュール。滋養に富み、徳川将軍家にも献上された。

MAP 本書P.142 A-2

➡慶長2年(1597)創業の造り酒屋

☎0568-61-0165 所犬山市犬山東古券633 営10:00〜17:00 休不定休 交名鉄・犬山駅から徒歩10分 P10台

➡薬用酒としても有名な蕙芝酒 小瓶360ml 1750円

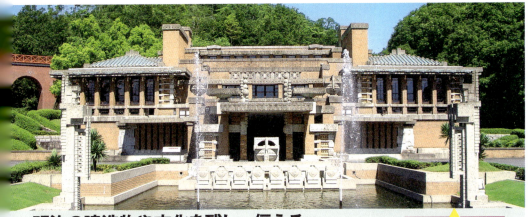

**帝国ホテル中央玄関**
ていこくホテルちゅうおうげんかん
20世紀建築界の巨匠、アメリカの建築家フランク・ロイド・ライト設計

## 明治の建造物や文化を残し、伝える

### 博物館 明治村
はくぶつかんめいじむら

国内テーマパークの先駆け的存在。江戸時代からの伝統技術に西洋文化が融合した明治期の近代建築が集まる。

**西郷従道邸**
さいごうつぐみちてい
西郷隆盛の弟・従道が自邸内に建てた本格的な洋館。社交場として使われた

犬山／博物館 明治村

#### 60以上の建造物を移築・保存 明治時代へタイムトリップ！

日本近代建築の礎ともいえる明治期の芸術上・歴史上価値の高い建造物が広大な敷地に移築・保存されている。「食道楽のコロッケー」など、当時のレシピを再現・アレンジしたメニューが味わえるグルメスポットも点在。2015年に開村50周年を迎え、作家の阿川佐和子氏が4代目村長に就任。

MAP 本書P.2A-2
☎0568-67-0314 所犬山市内山1 時9:30～17:00（季節などにより変動あり）休夏季、冬季は休村日あり、要確認 料要確認 交名鉄・犬山駅から岐阜バス・明治村行きで20分、終点下車すぐ Pあり（有料）

**三重県庁舎**
みえけんちょうしゃ
廃藩置県により地方行政の整備が急務となった時勢に建設された洋風庁舎のひとつ

**聖ヨハネ教会堂**
せいヨハネきょうかいどう
1階は日曜学校や幼稚園、2階は会堂として使われた京都河原町五条の教会堂

注目ポイント

#### 乗って、着替えて、楽しみ方いろいろ

蒸気機関車や京都市電、村営バスで村内を移動。女学生姿や書生服など明治時代風の衣装に着替えて記念写真も楽しめる。

・ハイカラ衣装館 開開村の30分後～閉村の30分前 料有料（要確認）※散策コースもあり（数量・サイズに限りあり）
・村内のりもの 料SL・市電・バスの料金は要確認

・イギリスから輸入されたSL12号
※運休の場合あり
・袴姿で村内見学（散策コース）

**品川燈台**
しながわとうだい
フランス人技術者によって設計された現存する最古の洋式燈台

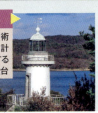

# 日本最古の歴史を誇る「日本六古窯」のひとつ
## 常滑 とこなめ

今も250を超える窯が稼働し、
隆盛を極めた往時の風情が色濃く残る。
そぞろ歩きの楽しい焼物の街で、
お気に入りの逸品を見つけたい。

↑やきもの散歩道には、常滑焼のシンボルともいうべきレンガ造りの煙突や廃窯があちこちに点在し、ノスタルジックな雰囲気が漂う

### 今なおレンガ煙突が点在する
### 近代産業遺産の宝庫を巡る

　陶業の中心地として栄えた常滑は、信楽、備前、瀬戸などとともに、日本六古窯のひとつに数えられる。鉄分を多く含む陶土は、釉薬をかけずに堅く焼き締めると伝統的な朱泥の焼物となり「煎茶は常滑焼の朱泥の急須に限る」といわれ、重宝された。招き猫の一大産地としても知られ、国内シェアは80％を占める。常滑市陶磁器会館が起点のやきもの散歩道（所要1時間30分）には見どころが多い。

### 交通 information

電車 名鉄名古屋駅から名鉄常滑線・特急で常滑駅まで30分
車 名古屋駅から名古屋高速3号大高線、知多半島道路、知多横断道路経由で40分

↑毎年10月に開催される常滑焼まつりでは、常滑焼の作家、問屋などが一堂に会する大即売市が開かれる

### やきもの散歩道の名物 常滑を代表する光景
# 土管坂
どかんざか

廻船問屋瀧田家から徒歩1分ほどの場所にあり、明治時代の土管と昭和初期に作られた焼酎瓶が壁面にびっしりと埋め込まれている。路面は滑らないように「ケサワ」と呼ばれる土管焼成時の捨て輪が敷きつめられている。

MAP 本書P.146 A-1
☎0569-34-8888（常滑市観光プラザ） 所常滑市栄町4 料見学自由 交名鉄・常滑駅から徒歩15分 Pやきもの散歩道駐車場（有料）、陶磁器会館駐車場場（有料）を利用

↑ふるさとの坂道30選のひとつ。明治時代から焼酎瓶の生産が始まったとされる

↑レンガ造りの窯場と煙突の光景は焼物の街ならでは

### 常滑焼の振興と伝承、焼物文化を発信する
# とこなめ陶の森
とこなめとうのもり

資料館、陶芸研究所、研修工房の3施設の総称。資料館、陶芸研究所では、平安時代末期からの常滑焼の貴重な資料を展示。資料館は2021年10月にリニューアルオープン。

↑資料館の常設展示室

MAP 本書P.146 B-2
☎0569-34-5290（資料館） 所常滑市瀬木町4-203 開9:00～17:00 休月曜（祝日の場合は翌日） 料無料 交名鉄・常滑駅から知多バス・知多半田駅行き「INAXライブミュージアム前」下車、徒歩10分 Pあり

### 常滑市内でも唯一 最大級の登窯が現存
# 登窯
のぼりがま

陶榮窯と呼ばれる、明治20年（1887）頃に造られた大型の登窯。昭和49年（1974）まで使用されており、国の重要有形民俗文化財に指定された。内部を見ることもできる。

↑17度の傾斜地に8つの焼成室がある

MAP 本書P.146 A-2
☎0569-34-8888（常滑市観光プラザ） 所常滑市栄町6 料見学自由 交名鉄・常滑駅から徒歩15分 Pやきもの散歩道駐車場（有料）、陶磁器会館駐車場場（有料）を利用

↑ランドマークの煙突が立つ窯のある広場

↑紀元前から近代までの、装飾タイルを集めた「世界のタイル博物館」

### 参加型の体験施設で 土と焼物の世界にふれる
# INAXライブミュージアム
イナックスライブミュージアム

「世界のタイル博物館」や「陶楽工房」「建築陶器のはじまり館」など6つの館があり、展示やワークショップなどが楽しめる。「窯のある広場・資料館」の窯と建物、煙突は、国登録有形文化財と近代化産業遺産に指定された建物。

MAP 本書P.146 B-2
☎0569-34-8282 所常滑市奥栄町1-130 開10:00～17:00（入館は～16:30） 休水曜（祝日の場合は開館） 料700円 交名鉄・常滑駅から知多バス・知多半田駅行きで5分、INAXライブミュージアム前下車、徒歩2分 Pあり

### 焼物の街を散歩

朱泥の急須や招き猫といった伝統的な地場産業製品から現代作家の常滑焼まで、多彩な作品の展示即売を行っている。やきもの散歩道の出発点でもある。

# 常滑市陶磁器会館
とこなめしとうじきかいかん

MAP 本書P.146 A-1
☎0569-35-2033 所常滑市栄町3-8 開9:00～17:00 休無休 料無料 交名鉄・常滑駅から徒歩5分 Pあり（有料）

# 常滑焼の魅力を伝えるショップへ
# 陶器の美に感動する

伝統の逸品から、現代的なデザインのものまで、街を巡れば幅広い作風の常滑焼に出会える。窯場やギャラリーを訪ねて、いつまでも大切に使いたいとっておきの器を探したい。

**鯉江廣氏作 急須**
鯉江作品8800円〜
鯉江氏の炭化焼締広口急須。「いぶし」という技法で黒光りの美しさに仕上げている

**田鶴濱守人作 鉢**
4400円
釉の渋い色合いが魅力の作品。幅広い用途で使える鉢

**千葉光広作 後手ポット**
11000円
千葉氏のポットは、やわらかな質感、取っ手の持ちやすさ、茶漉し部のていねいな処理が特徴

多彩な常滑焼製品を展示販売

良心的な価格の作家作品

**水上勝夫氏作 一輪ざし(上) 小皿(下)**
水上作品4400円〜
NHKテレビで陶芸講師を務めた水上氏の灰釉の一輪ざし。灰釉の素朴な表情が魅力(上)。梨灰釉による独特の上品な雰囲気を醸し出す小皿。和食や和菓子用のアイテムにおすすめ(下)

**堀田憲児氏作 練り込み飯茶碗**
堀田作品2500円〜
何色もの色土を重ね合わせて作る「練り込み」という技法に特化した堀田氏による飯茶碗

**鶴見宗次作 丼**
5500円
手びねり独特のやさしい風合いが魅力。手作りの味わいを感じさせる品

**梅原二郎作 急須**
6600円
焼成の工夫によるグラデーションが美しい「窯変」技法の急須

**水野陽景氏作 急須**
水野作品1万1000円〜
上品なフォルムでファンも多い水野氏の急須。白っぽく光り輝く独特の表情も素晴らしい

**小山乃文彦作 粉引 茶碗**
3300円
小山氏の作品の特徴である粉引。その作品の白い色合いのやわらかさが人気

## SPACE とこなべ
スペース とこなべ

**MAP** 本書P.146 A-2

明治20年(1887)築の登窯に隣接した常滑焼のギャラリーショップ。2階では常滑焼作家が制作した煎茶碗から急須まで幅広く茶器を展示販売している。

☎0569-36-3222
⊕常滑市栄町6-204 ㊡土・日曜、祝日10:00〜17:00 ㊡平日不定休
㊋名鉄・常滑駅から徒歩10分 Ｐあり

古い焼物の工場を利用した店内には、伝統的な作品が陳列する

## morrina
モリーナ

**MAP** 本書P.146 A-1

明治時代に建てられた土管工場をリノベーションした常滑焼のセレクトショップ。常滑焼を愛してやまないオーナーにより技法別、時代別の展示をしているのがおもしろい。

☎0569-34-6566
⊕常滑市栄町7-3 ㊡10:00〜17:00 ㊡水曜 ㊋名鉄・常滑駅から徒歩10分
Ｐやきもの散歩道大駐車場(有料)、陶磁器会館駐車場(土・日曜、祝日有料)を利用

「morrinaの器と暮らしのお話」という新聞も発行。情報発信にも入念な店

## 「常滑焼」のこと

日本六古窯のひとつ。起源は古く平安時代末期までさかのぼる。代表的な製品は、土管、タイル、植木鉢などに加えて朱泥急須をはじめとする茶器。常滑急須の特徴は茶こし部分で、茶こしを器と一体化して土で作り、こし穴が大きい。

## 窯元が提案するモダン常滑焼

**TOKONAME CUP 02**
2200円
シンプルなデザイン食器を6色展開で提案する「TOKONAME」の170ccカップ

**MOM kitchen 土鍋**
9900円
カボチャの形をした土鍋。MOM kitchenは食卓に遊び心を提案するライン

**TOKONAME CUP 03**
2750円
基となる白泥を新しく調合し顔料を入れて多彩な色の土を作り焼き上げている

**TOKONAME POT L**
8800円
600ccの内容量がある大きめのポット。食卓を彩るメインアイテムにおすすめ

### TOKONAME STORE
トコナメストア

MAP 本書P.146 A-1

窯元「山源陶苑」によるショップ、コーヒースタンド、体験工房からなる常滑焼の魅力を発信する施設。ショップでは窯元のオリジナルブランド「MOM kitchen」「TOKONAME」商品をメインに販売。

☎0569-36-0655
常滑市原松町6-70-2
11:00～18:00
休 水曜
名鉄・常滑駅から徒歩10分 Pあり

## 伝統的から現代的まで幅広く

**朱泥急須**
5000円～
常滑焼を代表する朱泥製品。朱泥急須はまさに常滑焼ならではの逸品だ

**盤シリーズ 皿**
5000円～
「常滑から世界へ料理のための器を発信しよう」をコンセプトに誕生した盤シリーズの皿

**陶片僕シリーズ 皿**
3000円
陶片を模して作られた「陶片僕シリーズ」。未完の美がなんともいえない哀愁を演出

**陶片僕シリーズ 小皿**
1500円
ギザギザの断面が醸し出すむき出しの自然美。陶片僕シリーズの器はすべて一点もの

### 常滑屋
とこなめや

MAP 本書P.146 A-1

古い土管工場を改装したショップ。1階には常滑焼の器でお茶や食事ができる飲食スペースとイベントフロアが、2階には常滑焼の展示販売スペースがあり、食器や茶器など多彩な焼物を販売。

☎0569-35-0470
常滑市栄町3-111
10:00～16:00
休 月曜
名鉄・常滑駅から徒歩8分 Pあり

## 名手の急須作りを見学

常滑焼を牽引してきた朱泥急須。その伝統的な職人技を目の前で見学できる工房へ。

### 北條陶房
ほくじょうとうぼう

MAP 本書P.146 A-1

伝統工芸士であり瑞宝単光章を受章した清水北條(源二)氏の工房。予約すればプロの職人によるロクロびきでの急須作りが見学できる。ユーモアあふれる陶工の制作話も楽しいので、ぜひ訪れてみたい。

☎0569-35-3185
常滑市北条4-83
9:00～17:00 休 土・日曜
名鉄・常滑駅から徒歩6分 Pなし

## 陶器の美に感動する

⬆工房に隣接するギャラリー。窯入れ時など多忙なときは見学できないので前もって予約を

⬆約20分ぐらいで急須のパーツすべてを作ってしまう名人のスゴ技は必見

### おみやげチェック

北條陶房のギャラリーは北條氏の作品を展示。なかには販売してくれる作品もあるので、直接現地でたずねてみたい。急須の値段は4万～10万円。

⬆海藻をのせて焼いた藻掛の急須。その繊細な模様に注目

⬆釉薬をかけずに朱泥のままで焼いた焼き締めの急須

⬆独特の光沢を放つ黒窯変の急須。灰のかかり方で色合いが変化

# 中部国際空港セントレア

### 見どころ豊富なエンターテインメント空港

ちゅうぶこくさいくうこうセントレア

飛行機に乗るだけではもったいない。
一日中楽しめる中部地方の空の玄関口をご案内。

## 遊びに行きたくなる進化した空港

成田・関西と並ぶ国際拠点空港として知られ、国内外の主要な都市と豊富な路線を有す。空港ならではの多彩な施設のほか、ボーイング787初号機実機の展示をメインとした複合商業施設「FLIGHT OF DREAMS」など、飛行機に乗らなくても楽しめる魅力ある施設が満載だ。

**MAP** 本書P.3 F-3
☎ 0569-38-1195　所 常滑市セントレア1-1
交 名鉄・中部国際空港駅直結　P あり(有料)

### 交通information

電車 名鉄名古屋駅からミュースカイで28分
車 名古屋駅から名古屋高速3号大高線、知多半島道路、知多横断道路、中部国際空港連絡道路経由で43分

## スカイデッキ

離着陸する世界各国の飛行機を間近で見られる展望デッキ。滑走路との距離はわずか300m。機体が浮かび上がる臨場感あふれる瞬間は見逃せない。

↑デッキ上には空港内の電力供給用のソーラーパネルが並ぶ

↑デッキの先端から誘導路はわずか50m。開放時間は7時〜22時30分

## FLIGHT OF DREAMS
フライト・オブ・ドリームズ

ボーイング787初号機実機を展示した複合商業施設。展示エリア「フライパーク」と、シアトルをイメージしたショップ&レストランエリアの「シアトルテラス」からなる。

↑ボーイング787初号機実機を目の前に挙式を行うこともできる

### シアトルテラス

シアトル発祥のスターバックスコーヒーのほか、ラーメンやうどん、フルーツジュースやパンケーキなどの飲食店が並ぶ。
営 10:00〜18:30(店舗により異なる)

↑ボーイング創業の街・シアトルがエリアのコンセプトになっている

### フライトパーク

実機の迫力を間近で体感できる。楽しく学びながら航空や空港にふれられるエリアとして2021年12月にリニューアル。
営 10:00〜17:00　料 無料(一部有料)

↑フライトパークの1階に展示されているボーイング787初号機の実機

## Spa

セントレアの展望風呂が営業再開。総合リラクゼーション施設「くつろぎ処」としてリニューアルオープン。

### SOLA SPA 風の湯
日本初の飛行機を望める展望風呂。展望デッキでは、伊勢湾に沈む夕日や、飛行機の離発着を望むことができる。

↱ 風の湯の全景。大きな湯船でのんびりしたい

## Event

季節ごとの催し物や音楽祭、空港をより楽しむことができるイベントも開催している。

### セントレア盆踊り
セントレアの夏の風物詩。日本一飛行機に近い場所で開催する盆踊り。スカイデッキにやぐらが立ち、太鼓の生演奏も。

### セントレア航空音楽祭
2011年1月に始まった音楽祭で、2016年からは、ジャズ、コーラス、マーチングなどのジャンル別企画も誕生。年間を通して、さまざまな音楽プログラムが用意されている。

### 航空ファンミーティング
セントレアに就航するエアラインやボーイングなど、航空業界にかかわる企業がブース出展やステージなどを行う。

## Shopping&Gourmet

第1ターミナル内には空港ならではの魅力ある店舗が充実。国際空港ならではのワールドワイドな食にも注目集結。

### レンガ通り
ファッション・雑貨を中心に、おみやげに最適な商品、旅行グッズなどの店が軒を連ねる。

↱ ヨーロッパの路地裏を彷彿とさせる

↱ 石畳や噴水が配され、異国情緒たっぷり

### ちょうちん横丁
瓦屋根の長屋に行灯が配された江戸時代の下町風情漂うグルメエリア。和雑貨や常滑焼を取り扱うショップもある。

↱ なまこ壁の蔵をイメージした建物も
↱ テイクアウト可能なメニューも豊富

### セントレア オフィシャルショップ SORA MONO
空港のオリジナルキャラクター「セントレアフレンズ」商品を取り扱う。
☎ 0569-38-0451
所 4F レンガ通り
営 8:00〜21:00

↱↱ 航空模型などのエアライングッズも要チェック

### 世界の山ちゃん
幻の手羽先のほか、みそ串かつやどて煮など、名古屋の味が楽しめる。2023年4月にリニューアルオープンし、イートインもできるように。
DATA→P152

↱ 名古屋名物のぴりっとした手羽先。おみやげにも最適
↱ 山ちゃんグッズも販売

### みそかつ矢場とん
厳選した食材を使い、秘伝のみそだれがかかった名古屋名物みそかつが楽しめる。オリジナルグッズも販売している。
☎ 0569-84-8810
所 4F スカイタウン
営 10:00〜21:00

↱↱ テイクアウトもでき、自宅でもお店の味を堪能することができる

中部国際空港セントレア

# 名菓&名産をお持ち帰り
# セントレアでおみやげ探し

手羽先やスイーツなど、旅先で味わった楽しさをおみやげに。
東海地方の特産品や、空港だけの限定商品もチェックしたい。

郊外へ●中部国際空港セントレア

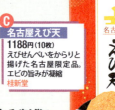

### Ⓒ 名古屋えび天
**1188円**(10枚)
えびせんべいをからりと揚げた名古屋限定品。エビの旨みが凝縮
桂新堂

### Ⓒ 名古屋プリン
**810円**(3個)
純系名古屋コーチンの卵を使用。濃厚な味わいで、とろける食感も楽しめるおいしいプリン
メゾン・ド・ジャンノエル

### Ⓐ 幻の手羽先
**605円**(1人前5本)
辛さと風味が際立つ「幻のコショウ」がやみつきに。自慢の看板商品
世界の山ちゃん

### Ⓑ 特製ちくわ
**810円**(5本)
文政10年(1827)創業。新鮮な生魚を昔ながらの製法で加工。そのまま食べてもおいしい
ヤマサちくわ

### Ⓐ 幻のチューリップ 空港限定
**600円**(4本)
ボリュームがあり、おつまみにも、ごはんのおかずとしても楽しめる人気商品。世界の山ちゃん

### Ⓒ (左)純米吟醸「飛」 (右)純米大吟醸「飛」
**2365円**(720㎖)
**3498円**(720㎖)
地元の蔵元がセントレアオリジナルとして開発した限定商品。やわらかな口当たりとみずみずしい香りが特徴
関谷醸造

### Ⓒ 名古屋たまご
**1004円**(5個)
八丁味噌を用いた味噌床で10日間じっくり漬け込んだたまご。ご飯にもよく合い、おみやげにもおすすめ
若菜

---

## おみやげはココで購入

### Ⓐ 世界の山ちゃん セントレア店
せかいのやまちゃん セントレアてん
従来のテイクアウトに加え、イートインが可能に。人気のおみやげも多数取り揃えている。
☎0569-38-1155　所4Fちょうちん横丁
営9:00〜21:00(イートイン11:00〜、イートイン土・日曜、祝日10:00〜)

### Ⓑ ヤマサちくわ
小ぶりで食べやすい豆ちくわやおでん種など定番商品のほかに、揚げたてはんぺんなども提供。
☎0569-38-8225　所4Fちょうちん横丁
営8:00〜21:00

### Ⓒ 銘品館
めいひんかん
東海地方の銘菓や地酒、ご当地グルメなどおみやげに最適な商品が豊富。
☎0569-38-7126(代表)
所3F出発ロビー　営6:30〜21:00

※営業時間は異なる場合があります

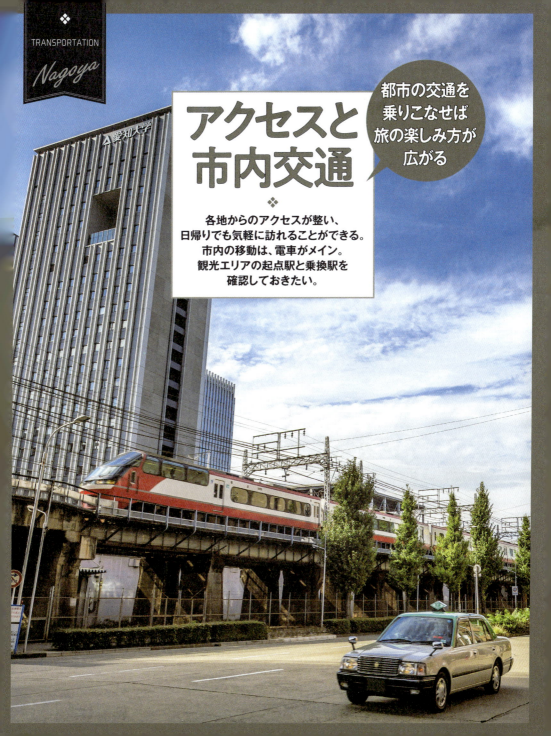

## TRANSPORTATION
### Nagoya

# アクセスと市内交通

都市の交通を乗りこなせば旅の楽しみ方が広がる

各地からのアクセスが整い、日帰りでも気軽に訪れることができる。市内の移動は、電車がメイン。観光エリアの起点駅と乗換駅を確認しておきたい。

# 名古屋へのアクセス

交通の便が良く、旅のスタイルに合わせてアプローチできる

東海道新幹線の利用が最もポピュラー。関西からは近鉄特急ひのとりも有効活用したい。
遠隔地や地方から空路で向かう場合も、便に困ることなくプランニングできる。

## 新幹線・鉄道でのアクセス

### 運行数が多いため、日帰りにも心強い

名古屋駅には東海道新幹線ののぞみ、ひかり、こだまのすべてが停車。東京駅から乗車する場合は、所要時間が最も短いのぞみがおすすめ。関西方面からは新幹線のほかにも、大阪難波駅から出発する近鉄特急を利用することもできる。

### 北海道・東北方面から

| 出発駅 | 経路 | 所要時間/料金 |
|---|---|---|
| 新函館北斗駅 | 新幹線はやぶさ→東京駅→新幹線のぞみ→名古屋駅 | 約6時間20分／3万1210円 |
| 新青森駅 | 新幹線はやぶさ→東京駅→新幹線のぞみ→名古屋駅 | 約5時間30分／2万5450円 |
| 仙台駅 | 新幹線はやぶさ→東京駅→新幹線のぞみ→名古屋駅 | 約3時間45分／2万620円 |
| 福島駅 | 新幹線やまびこ→東京駅→新幹線のぞみ→名古屋駅 | 約3時間30分／1万8980円 |

### 関東方面から

| 出発駅 | 経路 | 所要時間/料金 |
|---|---|---|
| 東京駅 | 新幹線のぞみ→名古屋駅 | 約1時間40分／1万1300円 |
| 新横浜駅 | 新幹線のぞみ→名古屋駅 | 約1時間20分／1万640円 |

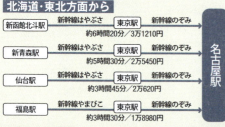

### 中部方面から

| 出発駅 | 経路 | 所要時間/料金 |
|---|---|---|
| 新潟駅 | 新幹線とき→東京駅→新幹線のぞみ→名古屋駅 | 約4時間／2万300円 |
| 金沢駅 | JR特急しらさぎ→名古屋駅 | 約3時間／7460円 ※2024年3月、北陸新幹線敦賀経由にJR特急しなの |
| 長野駅 | →名古屋駅 | 約3時間／7460円 |
| 静岡駅 | 新幹線ひかり→名古屋駅 | 約1時間／6470円 |

### 関西方面から

| 出発駅 | 経路 | 所要時間/料金 |
|---|---|---|
| 京都駅 | 新幹線のぞみ→名古屋駅 | 約35分／5910円 |
| 新大阪駅 | 新幹線のぞみ→名古屋駅 | 約50分／6680円 |
| 新神戸駅 | 新幹線のぞみ→名古屋駅 | 約1時間5分／8430円 |
| 大阪難波駅 | 近鉄特急ひのとり→近鉄名古屋駅 | 約2時間10分／4990円 |

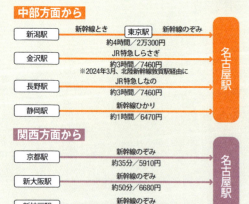

### 四国・中国方面から

| 出発駅 | 経路 | 所要時間/料金 |
|---|---|---|
| 高松駅 | JR快速マリンライナー→岡山駅→新幹線のぞみ→名古屋駅 | 約2時間50分／1万2700円 |
| 広島駅 | 新幹線のぞみ→名古屋駅 | 約2時間20分／1万4810円 |
| 岡山駅 | 新幹線のぞみ→名古屋駅 | 約1時間40分／1万1610円 |
| 鳥取駅 | JR特急スーパーはくと→姫路駅→新幹線のぞみ→名古屋駅 | 約3時間20分／1万3220円 |
| 松江駅 | JR特急やくも→岡山駅→新幹線のぞみ→名古屋駅 | 約4時間30分／1万6870円 |

### 九州方面から

| 出発駅 | 経路 | 所要時間/料金 |
|---|---|---|
| 博多駅 | 新幹線のぞみ→名古屋駅 | 約3時間20分／1万9310円 |
| 大分駅 | JR特急ソニック→小倉駅→新幹線のぞみ→名古屋駅 | 約4時間50分／2万1510円 |
| 熊本駅 | 新幹線みずほ／さくら→博多駅→新幹線のぞみ→名古屋駅 | 約4時間10分／2万3440円 |
| 鹿児島中央駅 | 新幹線みずほ／さくら→博多駅→新幹線のぞみ→名古屋駅 | 約5時間10分／2万6870円 |

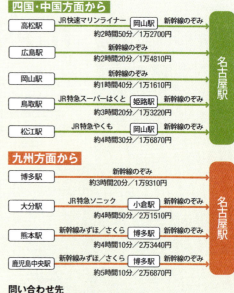

### 問い合わせ先

JR西日本お客様センター ☎0570-00-2486
JR東日本お問い合わせセンター ☎050-2016-1600
JR東海テレフォンセンター ☎050-3772-3910
JR四国電話案内センター ☎0570-00-4592
JR九州案内センター ☎0570-04-1717
近鉄電車テレフォンセンター ☎050-3536-3957

## お得な割引プランを利用

### ●ぷらっとこだま

東京〜新大阪の一部区間で、こだまの指定席にお得な運賃で乗れる。条件は、あらかじめ希望のこだま号を予約し、その便を利用すること。乗車時間の選択肢は豊富なうえ、1ドリンク引換券付き。
販売額：通常期8800円、繁忙期1万円(東京・品川〜名古屋間、片道)
発売期間：前日まで(インターネットは前日22時まで
購入方法：インターネット
JR東海ツアーズ www.jrtours.co.jp
※乗車変更や途中乗降不可。予約後の変更は取消扱いになる

アクセスと市内交通

## 飛行機でのアクセス
### 格安航空会社の登場で選択肢のひとつに

常滑市にある中部国際空港セントレアと、小牧市にある県営名古屋空港(小牧空港)が利用できる。どちらの空港も全国各地から1~2時間程度のフライトで着く。空港から名古屋の中心部へは、鉄道かリムジンバスを利用する。

| 出発地 | 到着地 | 便名 | 便数 | 所要時間 | 料金 |
|---|---|---|---|---|---|
| 新千歳空港 | 中部国際空港 | ANA / JAL / ADO* SKY / AJP | 14便/日 | 1時間55分 | 3万9200円~ (SKY=2万4500円~、AJP=5090円~) |
| 函館空港 | 中部国際空港 | ANA / ADO* | 1便/日 | 1時間40分 | 3万6700円~ |
| 青森空港 | 県営名古屋空港 | FDA** | 3便/日 | 1時間30分 | 3万6000円 |
| 秋田空港 | 中部国際空港 | ANA / ORC* | 2便/日 | 1時間30分 | 3万2500円~ |
| 仙台空港 | 中部国際空港 | ANA / IBX* / AJP | 6便/日 | 1時間15分 | 3万3100円~(AJP=5690円~) |
| 新潟空港 | 県営名古屋空港 | FDA** | 2便/日 | 1時間 | 2万7000円 |
| 成田空港 | 中部国際空港 | ANA / JAL | 3便/日 | 1時間20分 | 2万1010円~ |
| 羽田空港 | 中部国際空港 | ANA / JAL | 3便/日 | 1時間 | 2万1010円~ |
| 出雲縁結び空港 | 県営名古屋空港 | FDA** | 2便/日 | 1時間5分 | 2万4300円~ |
| 高知龍馬空港 | 中部国際空港 | FDA** | 2便/日 | 1時間 | 2万7500円~ |
| | 県営名古屋空港 | FDA** | 1便/日 | 1時間 | 2万7500円~ |
| 松山空港 | 中部国際空港 | ANA | 3便/日 | 1時間 | 2万7700円~ |
| 福岡空港 | 中部国際空港 | ANA / SFJ* / IBX* / JJP | 13便/日 | 1時間20分 | 2万8800円~ (JJP=5490円~) |
| | 県営名古屋空港 | FDA** | 5便/日 | 1時間20分 | 2万8500円~ |
| 長崎空港 | 中部国際空港 | ANA | 2便/日 | 1時間10分 | 3万7100円~ |
| 那覇空港 | 中部国際空港 | ANA / JTA SNA* / SKY / JJP / AJP | 13便/日 | 2時間 | 4万5100円~ (SKY=2万5500円~、JJP=5080円~、AJP=5090円~) |

※料金は通常期の片道の金額を表示しています ※中部国際空港発着路線では旅客施設使用料が別途加算されます *ANAとの共同運航 **JALとの共同運航

### 各空港からのアクセス

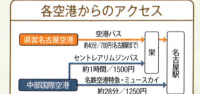

### 問い合わせ先
**ANA(全日空)** ☎0570-029-222  **ADO(エア・ドゥ)** ☎03-6741-1122
**JAL(日本航空)** ☎0570-025-071  **JTA(日本トランスオーシャン航空)**
**SNA(ソラシドエア)** ☎0570-037-283  **SFJ(スターフライヤー)** ☎0570-07-3200
**FDA(フジドリームエアラインズ)** ☎0570-55-0489
**SKY(スカイマーク)** ☎0570-039-283
**AJP(ピーチ)** ☎0570-001-292
**JJP(ジェットスター・ジャパン)** ☎0570-550-538
**あおい交通** ☎0568-79-6464  **名鉄お客さまセンター** ☎052-582-5151

## 高速バスでのアクセス
### 交通費を節約したい場合の手段として

移動時間は長いが、なんといっても料金の安さが魅力。たとえば夜行便を利用して、翌日の滞在時間を最大限に満喫するなど、アイデア次第で充実したプランが立てられる。

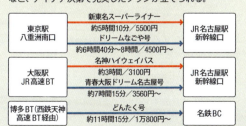

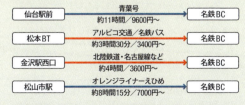

### 問い合わせ先
**宮城交通** ☎022-261-5333
**JRバス関東** ☎0570-048905
**西日本JRバス** ☎0570-00-2424  **JR東海バス** ☎0570-048939
**名鉄高速バス予約センター** ☎052-582-0489
**アルピコ交通** ☎0570-550-373  **北陸鉄道** ☎076-234-0123
**名鉄近鉄バス名古屋営業所** ☎052-661-3191
**伊予鉄道** ☎089-948-3100  **西鉄お客さまセンター** ☎050-3616-2150

※運賃は片道の金額です ※矢印の色は、青が夜行便、赤が昼行便を示しています
※バスの発着所においてBCはバスセンター、BTはバスターミナルを表します

※飛行機はJTB時刻表2023年10月時点の料金、鉄道は通常期に指定席を利用した場合の料金です

地下鉄6路線と、なごや観光ルートバス「メーグル」を有効活用
# 名古屋の市内交通

市内の移動手段は地下鉄を基本に考え、バスや私鉄と合わせながら上手く使いこなしたい。
IC乗車券や1日乗車券などを利用し、手際よく行動できれば、旅もより充実するはず。

## 地下鉄
### 主要エリアを6つの路線でカバー

名古屋市営地下鉄は、東山線、名城線、名港線、鶴舞線、桜通線、上飯田線の6路線。東山線は市街中心部を東西に走る。名城線は全国で初めての地下鉄の環状運行で知られ、すべての地下鉄と接続。名港線は金山駅から名古屋港駅までの7駅を結ぶ。鶴舞線は市街西北部で、名鉄犬山線とも接続。桜通線は名古屋駅から東山線と並行してからは瑞穂区に向かう。上飯田線は名城線の平安通駅と名鉄小牧線の上飯田駅の1区間を結ぶ。市内の主な観光スポットは地下鉄駅から徒歩圏内の場所が多いため主要な移動手段となる。

## JR
### 地下鉄で向かうと時間がかかる場合に便利

観光エリア内の多くの駅で地下鉄と接続している。徳川園(P.66)に近い大曽根駅や花の名所・鶴舞公園(P.84)が近くにある鶴舞駅に向かう場合は中央本線を利用したい。熱田神宮(P.76)に近い熱田駅には東海道本線の普通列車が停車する。

## 私鉄
### 各路線との接続駅を把握しておきたい

名古屋市内を走る私鉄は、名鉄、近鉄、あおなみ線、リニモの4路線。名鉄は尾張地方、三河地方、岐阜方面へ路線が延び、名古屋駅から熱田神宮や有松方面へのアクセスに便利。また、栄町駅から大曽根駅を経由して瀬戸方面へも運行している。地下鉄へは名古屋駅、金山駅、栄駅、大曽根駅と接続。鶴舞線の赤池駅と上小田井駅は相互乗り入れをしており、乗り換えの必要がない場合も。近鉄は三重、奈良、大阪方面から運行。名古屋駅と八田駅で地下鉄と接続する。あおなみ線は、名古屋駅から南下しリニア・鉄道館(P.83)の最寄り駅である金城ふ頭駅までの11駅を結んでいる。リニモは2005年に開催された愛・地球博で活躍したリニアモーターカーの路線。地下鉄東山線の藤が丘駅と接続している。

## 市バス
### 名古屋市内の各地を網羅した心強い味方

名古屋駅、栄駅など主要な地下鉄の駅にはバスターミナルがあり、バス路線が各地へ延びている。料金は一律210円。IC乗車券manaca(マナカ)を利用すれば、市バスと市バスだけでなく、市バスと地下鉄の場合でも乗り継ぎ割引がある。

## なごや観光ルートバス「メーグル」
### 金色のバスが観光スポットをひとめぐり

名古屋駅から平日は30分～1時間ごと、土・日曜、祝日は20～30分ごとに主要観光スポットを循環。1回乗車210円、1日乗り放題の1DAYチケットは500円。月曜と年末年始は運休で、月曜が祝日の場合は翌平日が運休。
名古屋観光情報 www.nagoya-info.jp/useful/meguru/

● 名古屋で使える乗換案内「なごや乗換ナビ」
名古屋市交通局が提供するサービス。出発地から目的地までの地下鉄やバスルートを検索できる。アプリもある。
なごや乗換ナビ www.kotsu.city.nagoya.jp/jp/pc/route

### 電車・路線バス 問い合わせ先

名古屋市交通局 市バス・地下鉄テレホンセンター ☎052-522-0111
名鉄お客さまセンター ☎052-582-5151
近鉄電車テレフォンセンター ☎050-3536-3957
あおなみ線お問い合わせ窓口 ☎052-383-0960
愛知高速交通株式会社(リニモ) ☎0561-61-4781
JR東海テレフォンセンター ☎050-3772-3910

### 名古屋観光に便利なフリー乗車券

① まる乗り1DAYフリーきっぷ
価格:3200円　有効期限:1日　乗り放題範囲:名鉄全線。10～16時の特別車の乗車もできる(座席指定不可)
発売場所:一部を除く名鉄主要駅

② 名古屋市交通局 一日乗車券
価格:バス・地下鉄全線870円、バス全線620円、地下鉄全線760円　有効期限:1日(地下鉄全線券は24時間)
発売場所:地下鉄駅構内の交通局サービスセンターなど

# INDEX

## 歩く・観る

**あ** 愛・地球博記念公園（モリコロパーク）
・・・・・・・・・・・・・・・・・・・・・・・・ 85
愛知縣護國神社 ・・・・・・・・・・・・・ 59
愛知県庁本庁舎 ・・・・・・・・・・・・・ 94
愛知県美術館 ・・・・・・・・・・・・・・・ 51
熱田神宮 ・・・・・・・・・・・・・ 29／76
有松山車会館 ・・・・・・・・・・・・・・ 80
有松・鳴海絞会館 ・・・・・・・・・・ 80
エスカ ・・・・・・・・・・・・・・・・・・・・・ 33
円頓寺商店街 ・・・・・・・・・・・・・・ 41
オアシス21 ・・・・・・・・・・・・・・・ 48
大須演芸場 ・・・・・・・・・・・・・・・・ 56
大須観音 ・・・・・・・・・・・・・・・・・・ 56
岡邸 ・・・・・・・・・・・・・・・・・・・・・・ 81
桶狭間古戦場公園 ・・・・・・・・・ 81
**か** 覚王山アパート ・・・・・・・・・・・・ 73
覚王山弘法の市 ・・・・・・・・・・・・ 72
笠寺観音（笠覆寺） ・・・・・・・・・ 85
カトリック主税町教会 ・・・・・・ 68
カブキカフェ ナゴヤ座 ・・・・・ 41
旧加藤商会ビル ・・・・・・・・・・・・ 94
旧豊田佐助邸 ・・・・・・・・・・・・・・ 70
旧名古屋控訴院地方裁判所
区裁判所庁舎 ・・・・・・・・・・・・ 95
旧三井銀行名古屋支店 ・・・・・ 95
クルーズ名古屋 ・・・・・・・・・・・・ 82
ゲートウォーク ・・・・・・・・・・・・ 33
建中寺 ・・・・・・・・・・・・・・・・・・・・ 85
国際デザインセンター ・・・・・ 51
小塚邸 ・・・・・・・・・・・・・・・・・・・・ 81
子守地蔵尊 ・・・・・・・・・・・・・・・・ 40
**さ** サカエチカ ・・・・・・・・・・・・・・・・ 47
桜通 ・・・・・・・・・・・・・・・・・・・・・・ 28
サンロード ・・・・・・・・・・・・・・・・ 33
JRセントラルタワーズ・JRゲートタワー
・・・・・・・・・・・・・・・・・・・・・・・・ 34
JPタワー名古屋 ・・・・・・・・・・・ 35
四間道 ・・・・・・・・・・・・・・・・・・・・ 40
七里の渡し跡 ・・・・・・・・・・・・・・ 77
ジブリパーク ・・・・・・・・・・・・・・ 30
庄内緑地 ・・・・・・・・・・・・・・・・・・ 28
昭和美術館 ・・・・・・・・・・・・・・・・ 84
白鳥古墳 ・・・・・・・・・・・・・・・・・・ 77
白鳥庭園 ・・・・・・・・・・・・・ 27／76
城山八幡宮 ・・・・・・・・・・・・・・・・ 73
スカイプロムナード ・・・・・・・・ 37
浅間神社 ・・・・・・・・・・・・・・・・・・ 40
セントラルパーク ・・・・・・・・・・ 47
総合校舎スパイラルタワーズ ・・・ 34
**た** ダイナード ・・・・・・・・・・・・・・・・ 33
大名古屋ビルヂング ・・・・・・・ 35
大龍寺 ・・・・・・・・・・・・・・・・・・・・ 73
竹田邸 ・・・・・・・・・・・・・・・・・・・・ 81
断夫山古墳 ・・・・・・・・・・・・・・・・ 77
千種公園 ・・・・・・・・・・・・・・・・・・ 26
中部電力 MIRAI TOWER ・・・・・・ 49
TSURUMA GARDEN ・・・・・・・・・・ 30
鶴舞公園 ・・・・・・・・・・・・・ 26／84
桃巌寺 ・・・・・・・・・・・・・・・・・・・・ 74
徳川園 ・・・・・・・・・・・・・・・ 27／66
徳川美術館 ・・・・・・・・・・・・・・・・ 67
豊国神社 ・・・・・・・・・・・・・・・・・・ 87
トヨタ産業技術記念館 ・・・・・ 38
**な** 名古屋海洋博物館 ・・・・・・・・・ 83
名古屋港水族館 ・・・・・・・・・・・・ 82
名古屋港 ワイルドフラワーガーデン
ブルーボネット ・・・・・・・・・・ 83
名古屋市科学館 ・・・・・・・・・・・・ 50
名古屋市市政資料館 ・・・・・・・ 68
名古屋市農業センター ・・・・・ 29
名古屋市博物館 ・・・・・・・・・・・・ 84
名古屋市美術館 ・・・・・・・・・・・・ 51
名古屋市秀吉清正記念館 ・・・ 87
名古屋市蓬左文庫 ・・・・・・・・・ 67
名古屋市役所本庁舎 ・・・・・・・ 94
名古屋城 ・・・・・・・・・・・・・ 22／60
名古屋陶磁器会館 ・・・・・・・・・ 59
名古屋東照宮 ・・・・・・・・・・・・・・ 58
那古野ハモニカ荘 ・・・・・・・・・ 41
納屋橋 ・・・・・・・・・・・・・・・・・・・・ 95
日泰寺 ・・・・・・・・・・・・・・・・・・・・ 73
農業文化園・戸田川緑地 ・・・ 25
ノリタケの森 ・・・・・・・・・・・・・・ 39
**は** 服部邸 ・・・・・・・・・・・・・・・・・・・・ 81
万松寺 ・・・・・・・・・・・・・・・・・・・・ 57
バンテリンドーム ナゴヤ ・・・ 84
東山スカイタワー ・・・・・・・・・・ 37
東山動植物園 ・・・・・・・・・ 24／84
文化のみち 橦木館 ・・・・・・・・ 69
文化のみち 二葉館 ・・・・・・・・ 70
**ま** 松重閘門 ・・・・・・・・・・・・・・・・・・ 95
ミッドランドスクエア ・・・・・ 34
名城公園 ・・・・・・・・・・・・・ 24／65
メイチカ ・・・・・・・・・・・・・・・・・・ 33
森の地下街 ・・・・・・・・・・・・・・・・ 47
**や** 八事山 興正寺 ・・・・・・・・・・・・ 85
山崎川 四季の道 ・・・・・・・・・・ 25
ユニモール ・・・・・・・・・・・・・・・・ 33
揚輝荘 ・・・・・・・・・・・・・・・・・・・・ 72
**ら** リニア・鉄道館 ・・・・・・・・・・・・ 83
**わ** 若宮八幡社 ・・・・・・・・・・・・・・・・ 85

## 食べる

**あ** 當り屋 ・・・・・・・・・・・・・・・・・・ 112
あつた蓬莱軒 本店 ・・・・・・・ 106
あらびき ・・・・・・・・・・・・・・・・ 124
アロマフレスカ 名古屋 ・・・ 100
一鳳 ・・・・・・・・・・・・・・・・・・・・ 109
いば昇 ・・・・・・・・・・・・・・・・・・ 107
ヴァンサンヌドゥ ・・・・・・・・・ 54
鰻 木屋 ・・・・・・・・・・・・・・・・・ 106
驛釜きしめん ・・・・・・・・・・・・ 110
ENOTECA PINCHIORRI ・・・・・ 100
エリックサウス KITTE名古屋店
・・・・・・・・・・・・・・・・・・・・・・・・ 43
ELK 名古屋店 ・・・・・・・・・・・・・ 55
AUTHENTIC BAR Kreis ・・・・・ 123
**か** Casa dell'amante ・・・・・・・ 101
ガーデンレストラン徳川園 ・・ 66
加藤珈琲店 ・・・・・・・・・・・・・・ 119
か茂免 ・・・・・・・・・・・・・・・・・・ 103
河文 ・・・・・・・・・・・・・・・・・・・・ 102
涵梅舫 ・・・・・・・・・・・・・・・・・・ 105
喫茶ユキ ・・・・・・・・・・・・・・・・ 113
キハチ カフェ 名鉄百貨店本店 ・・・ 118
金シャチ横丁 ・・・・・・・・・・・・・・ 65
cucina siciliana siculamente ・・ 101
CRAFTBEER KEG・NAGOYA ・・・ 124
小料理バル ドメ ・・・・・・・・・・・ 45
コンパル 大須本店 ・・・・・・・ 116
**さ** サイアムガーデン ・・・・・・・・・ 53
THE ONE AND ONLY ・・・・・・ 121
四間道レストラン マツウラ ・・ 44
島正 ・・・・・・・・・・・・・・・・・・・・ 112
SHUMOKU CAFE ・・・・・・・・・・・ 70
純米酒専門 YATA 栄店 ・・・・ 123
白壁カフェ 花ごよみ ・・・・・ 117
Shinji Koga ・・・・・・・・・・・・・・ 99
スカイラウンジ「ジーニス」・・・ 121
スギモト 本店 ・・・・・・・・・・・ 115
すゞ家 ・・・・・・・・・・・・・・・・・・ 112

| | | |
|---|---|---|
| | スパゲッティ・ハウス ヨコイ 住吉本店 ………………………… 113 | |
| | 炭焼 うな富士 …………… 107 | |
| | 世界の山ちゃん 本店 …… 113 | |
| | Salt Water by David Myers … 43 | |
| た | 大甚 ……………………… 114 | |
| | 中国料理「梨杏」………… 104 | |
| | 鼎泰豊 名古屋店 ………… 105 | |
| | Dubonnet ………………… 71 | |
| | 鳥銀 本店 ………………… 108 | |
| | とり要 …………………… 109 | |
| な | 名古屋コーチン 鳥しげ … 108 | |
| | 名古屋市市政資料館 喫茶室 … 70 | |
| は | BAR YLANG YLANG ……… 122 | |
| | BAR BARNS ……………… 122 | |
| | 八勝館 …………………… 103 | |
| | バル デ エスパーニャ ムイ 名古屋ミッドランド店 …… 43 | |
| | ピエール マルコリーニ 名古屋 … 42 | |
| | BISTRO DIA ……………… 99 | |
| | 風来坊 栄店 ……………… 113 | |
| | BUCYO COFFEE ………… 119 | |
| | Blue'dge ………………… 120 | |
| | ほぼ栄駅 一番口出口のれん街 … 23 | |
| | 本店 鯱乃家 ……………… 112 | |
| ま | まるは食堂 ラシック店 …… 113 | |
| | 味仙 今池本店 …………… 112 | |
| | みそ煮込みの角丸 ……… 111 | |
| | みつ林 …………………… 44 | |
| | 宮鍵 ……………………… 115 | |
| | 宮きしめん 神宮店 ……… 79 | |
| | 名駅ダイニング SILVA …… 45 | |
| | めいふつ天むす 千寿本店 … 113 | |
| や | 矢場とん 矢場町本店 …… 112 | |
| | 山本屋総本家 本家 ……… 111 | |
| | 山本屋本店 エスカ店 …… 111 | |
| | 洋菓子・喫茶 ボンボン …… 117 | |
| | 吉田きしめん エスカ店 … 110 | |
| ら | La Grande Table de KITAMURA … 71 | |
| | ラ・メゾン・ジュヴォー …… 42 | |
| | リヨン …………………… 116 | |
| | Reminiscence …………… 98 | |

## 買う

| | | |
|---|---|---|
| あ | 有松・鳴海絞会館 ……… 126 | |
| | 安藤七宝店 ……………… 126 | |
| | 井桁屋 …………………… 81 | |
| | エスカ …………………… 133 | |
| | m.m.d. …………………… 47 | |
| か | 菓匠 花桔梗 本店 ……… 129 | |
| | ギフトキヨスク名古屋 … 132 | |
| | きよめ餅総本家 ………… 77 | |
| | 櫛留商店 ………………… 127 | |
| | グランドキヨスク名古屋 … 132 | |
| さ | ジェイアール名古屋タカシマヤ … 132 | |
| | シェ・シバタ ……………… 131 | |
| | 四間道ガラス館 ………… 41 | |
| | 新雀 本店 ………………… 57 | |
| | 末廣堂 …………………… 127 | |
| | 雀おどり總本店 ………… 129 | |
| | 正門横売店 ……………… 63 | |
| | sono ……………………… 73 | |
| な | 名古屋三越 栄店 ………… 47 | |
| は | パティスリー グラム …… 131 | |
| | pâtisserie Sadaharu AOKI paris ジェイアール名古屋タカシマヤ店 … 130 | |
| | ピエール マルコリーニ 名古屋 … 130 | |
| | fika. ……………………… 131 | |
| | 不朽園 …………………… 129 | |
| ま | 松坂屋 名古屋店 ………… 47 | |
| | まり木綿 ………………… 81 | |
| | ミッシェル・ブラン ……… 130 | |
| | 美濃忠 …………………… 128 | |
| | 名鉄百貨店 本店 ………… 133 | |
| | 餅文総本店 ……………… 129 | |
| や | 山勝染工 ………………… 127 | |
| | 芳光 ……………………… 128 | |
| ら | ラ・メゾン・ジュヴォー …… 131 | |
| | 両口屋是清 本町店 ……… 128 | |
| | Robin's Patch …………… 75 | |

## 泊まる

| | | |
|---|---|---|
| あ | ANAクラウンプラザホテル グランコート名古屋 ……… 139 | |
| か | コートヤード・バイ・マリオット名古屋 ………………………… 30 | |
| さ | サイプレスホテル名古屋駅前 … 140 | |
| | ザ サイプレス メルキュールホテル名古屋 …… 138 | |
| | THE TOWER HOTEL NAGOYA … 22 | |
| | ザ ロイヤルパーク キャンバス 名古屋 ………………………… 140 | |
| な | 名古屋観光ホテル ……… 140 | |
| | 名古屋JRゲートタワーホテル … 140 | |
| | 名古屋東急ホテル ……… 139 | |
| | 名古屋プリンスホテル スカイタワー ………………………… 138 | |
| | 名古屋マリオットアソシアホテル … 136 | |
| | ニッコースタイル名古屋 …… 23 | |
| は | ヒルトン名古屋 ………… 137 | |
| | ホテルトラスティ名古屋 栄 … 140 | |
| ま | 名鉄ニューグランドホテル … 140 | |

## 犬山・常滑・中部国際空港セントレア

| | | |
|---|---|---|
| あ | INAXライブミュージアム ……… 147 | |
| | 犬山寂光院 ……………… 144 | |
| か | 木曽川鵜飼 ……………… 144 | |
| | 木曽川遊歩道 …………… 144 | |
| | 旧磯部家住宅 …………… 143 | |
| | 香味茶寮 壽俵屋 犬山井上邸 … 144 | |
| | 国宝 犬山城 ……………… 143 | |
| | 小島醸造 ………………… 144 | |
| | 城とまちミュージアム …… 144 | |
| | SPACE とこなべ ………… 148 | |
| た | 中部国際空港セントレア … 150 | |
| | 土管坂 …………………… 147 | |
| | 常滑市陶磁器会館 ……… 147 | |
| | TOKONAME STORE ……… 149 | |
| | とこなめ陶の森 ………… 147 | |
| | 常滑屋 …………………… 149 | |
| | どんでん館 ……………… 144 | |
| な | 日本庭園 有楽苑 ………… 143 | |
| | 登窯 ……………………… 147 | |
| は | 博物館 明治村 …………… 145 | |
| | 北條陶房 ………………… 149 | |
| | 本町通り ………………… 143 | |
| ま | morrina ………………… 148 | |

## STAFF

**編集制作 Editors**
(株)K&Bパブリッシャーズ

**取材・執筆 Writers**
地球デザイン(篠原史紀　篠原由美)
Logosviral(近藤大介　長岡真衣)
稲盛伸二　遠藤優子
遠藤優子　立岡美佐子

**撮影 Photographers**
地球デザイン(篠原史紀)
Logosviral(近藤大介)
風光一宇

**執筆協力 Writers**
河野あすみ　好地理恵

**編集協力 Editors**
(株)ジェオ

**本文・表紙デザイン Cover & Editorial Design**
(株)K&Bパブリッシャーズ

**表紙写真 Cover Photo**
PIXTA

**地図制作 Maps**
トラベラ・ドットネット(株)
DIG.Factory

**写真協力 Photographs**
名古屋城総合事務所
関係各市町村観光課・観光協会
関係諸施設
PIXTA

**総合プロデューサー Total Producer**
河村季里

**TAC出版担当 Producer**
君塚太

**TAC出版海外版権担当 Copyright Export**
野崎博和

**エグゼクティヴ・プロデューサー Executive Producer**
猪野樹

---

# おとな旅 プレミアム
## 名古屋 第4版

2024年2月5日　初版　第1刷発行

| | |
|---|---|
| 著　　者 | TAC出版編集部 |
| 発 行 者 | 多田敏男 |
| 発 行 所 | TAC株式会社　出版事業部 |
| | (TAC出版) |

〒101-8383 東京都千代田区神田三崎町3-2-18
電話　03(5276)9492(営業)
FAX　03(5276)9674
https://shuppan.tac-school.co.jp

| | |
|---|---|
| 印　　刷 | 株式会社　光邦 |
| 製　　本 | 東京美術紙工協業組合 |

©TAC 2024　Printed in Japan　ISBN978-4-300-10977-9
N.D.C.291　　　　落丁・乱丁本はお取り替えいたします。

本書は、「著作権法」によって、著作権等の権利が保護されている著作物です。本書の全部または一部につき、無断で転載、複写されると、著作権等の権利侵害となります。上記のような使い方をされる場合には、あらかじめ小社宛許諾を求めてください。

本書に掲載した地図の作成に当たっては、国土地理院発行の数値地図(国土基本情報)電子国土基本図(地図情報)、数値地図(国土基本情報)電子国土基本図(地名情報)及び数値地図(国土基本情報20万)を調整しました。

# MAP

付録 街歩き地図
## 名古屋

名古屋広域図 ……… 2
名古屋城周辺 ……… 4
白壁・徳川園 ……… 6
名古屋駅周辺 ……… 8
栄・伏見・丸の内 ……… 10
大須 ……… 12
覚王山・本山 ……… 14
金山 ……… 16
熱田 ……… 17
有松 ……… 18
名古屋港 ……… 19

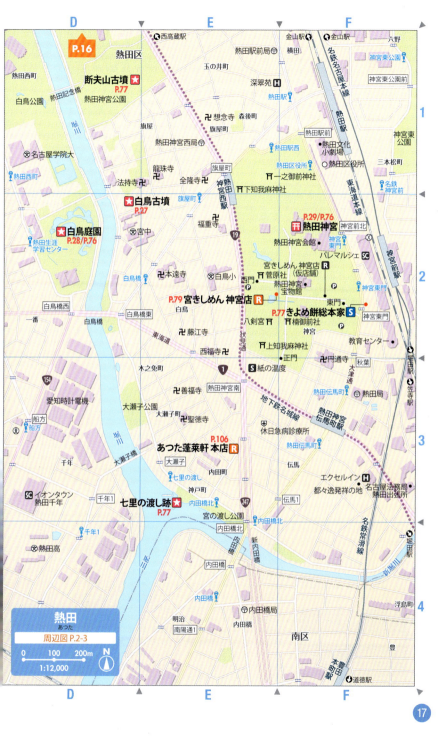

とりはずして使える

# MAP

付録 街歩き地図
## 名古屋

おとな旅プレミアム
PREMIUM

切り取り線

許可なく転載、複製することを禁じます